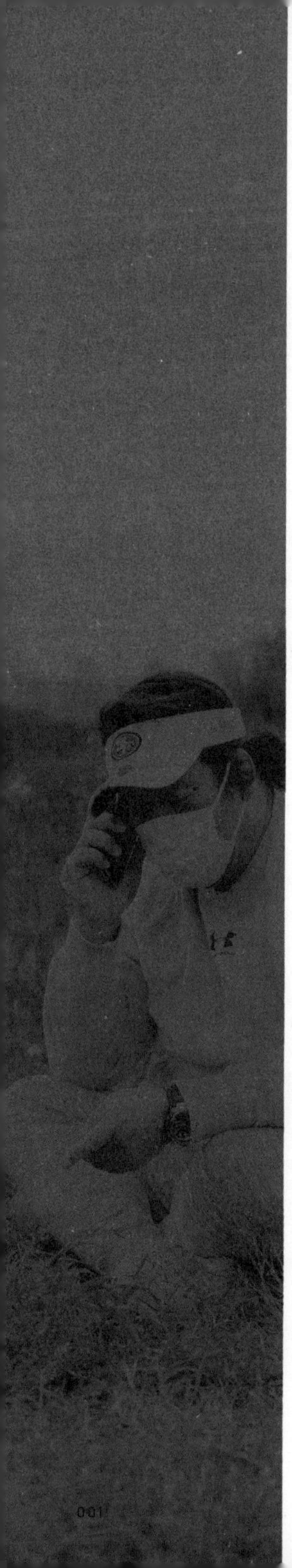

# KAMINOGE Nº101

Cover PHOTO
KUNIYOSHI TAIKO

多摩川での教訓。
距離は、まあまあいい感じ。
だがレコーダーは
長州さんのほうに置くべきだった!!

KAMINOGE COLUMN

PETIT KASHIMA

俺の人生にも、
一度くらい
幸せなコラムが
あってもいい。

VOL.100

# 化けるとは何か？

プチ鹿島

プチ鹿島（ぷち・かしま）1970年5月23日生まれ。芸人。テレビ朝日系『サンデーステーション』（日曜午後4時30分〜）レギュラー出演中です。

『100日後に死ぬワニ』が最終回直後に炎上したことは憶えていますか。もう忘れたという人もいるかもしれませんが、あれって物事をどう楽しむかという視点で言うとプロレス案件だったと思う。

おさらいします。漫画家でイラストレーターのきくちゆうきさんが昨年12月12日からツイッターで連載した。

《主人公のワニのほのぼのとした日常を描きながら、漫画末尾には「死まであと○日」。ギャップに反響が広がり、きくちさんのフォロワーは200万人を超えた。》（朝日新聞デジタル3月21日）。

しかし完結と前後して発表された告知が批判を集めた。電通が仕掛けていたのか！という噂も流された（電通は否定）。今までSNSを見守っていた人が誰かの手で踊らされていたのかと思い、可愛さ余って憎さ百倍になったのかもしれない。

私は今回のワニに関しては「商売がお上手ですなぁ」とニヤニヤしてればいいんだと思う。その程度の皮肉で止めておくのが大人というもの。今回の騒動は「ゼロか百か」の見方しかないヤバさを感じる。最初は身近だと思っていたものが世の中に注目されて商業的にも大化けしていくものを嫌う人がこんなに多いのかと驚いた。

じつは今回のワニの件と類似する案件を私は知っている。それは『長州力のツイッター』だ。

長州さんはその独特な使い方でツイッターでもブレイクしている。『100日後に死ぬワニ』と双璧だと思う。私はSNSを通じて大化けしている姿を〝あの頃の長州〟と重ね合わせて楽しんでいる。

長州には海外遠征直後の試合で藤波にケンカを売った下克上事件があった。あの前代未聞の「心の叫び」の発露によりファンに共感されてブレイクしたのだ。つまり長州力はあの頃から影響力のある「つぶやき」をしていたのだ。SNS革命戦士ここにあり。

さらにたまらないのは、あの事件には今も諸説あることだ。最近では「長州はアントニオ猪木に誘導された」説も出てきた。

「ワインをいちばん旨いと思うタイミングはわかるか」とあの前に猪木は問うたという（『真説・長州力』田崎健太）。その言葉には、この機を逃すとおまえはブレイクしないまま終わるぞという「問いかけ」が含まれていたのではないかと。まさに歴史ロマンである。明智光秀がなぜ信長に謀反を起こしたのか諸説あるのと同じ。プロレスファンはそれぞれ自己解釈する楽しみを「与えられている」のだ。

　考えてみよう。これを今回のワニみたいに「え、電通（＝猪木）が仕掛けていたの？」と興ざめするのはとてもつまらないことではないか。背景なんかどうでもいい。だって我々は「真実」を見ていたのだから。それはあの事件をきっかけに「長州力はとんでもなく輝き始めた」という真実である。

　スターの風格を日々身に着けていく長州。人が自信を持ち、売れてゆくさまを見た。これほどの真実はないではないか。「化けるとは何か？」を考えた場合、観客にその見方を示した例として、すべてのエンタメのなかでも歴史的な件だったと思う。

　もう一度考えてみよう。もし誰かが構図を描いたとしても、そこから動き出せるのは本人だけだ。タレントに事務所のプッシュがあったとしてもファンの心をつかまないとダメなのと同じ。いかに人を魅了するか、予想を超えた自分の物語にしてしまうか。それこそが表現者の器量なのである。

　その究極が「新日本離脱」事件だった。長州は仲間と新日本プロレスを離脱し、翌年には全日本プロレスのリングに上がった。こんな想定外、誰が予想しただろう。我々はとんでもない怪物をつくってしまったという感覚を関係者もファンも味わえた。バックステージの様子はたしかに見えない。しかし目の前に見える真実だけでファンは十分じゃないか。

　だから『１００日後に死ぬワニ』もどんどん大きくなっていくさまを眺めるのが醍醐味だったと思う。あんなに多くの人を夢中にさせた事実を味わえばいい。それは長州ツイッターも「同じこと」だ。

　実際に長州さんはまたしても進化している。２月の「マスターズ」興行で猪木のプロレス60周年セレモニーがあった。

　猪木がリング中央の席に座り、祝福するゲストが次々に入場する。最後に長州が入ってきて会場は大爆発。驚いたのは引退したはずの長州さんがまた一段とスター性を帯びていたことだ。マイクをバッとつかんで「会長！　おめでとうございます！　武藤が会長にビンタで喝を入れていただきたいと言ってます！」みたいなことを言う。

　昔の長州はただ怖くてぶっきらぼうでこんな風なタレント性は発揮しなかった。ツイッターでも話題だしタレント活動も順調だから「時の人感」があった。それを私は客席でまざまざと確認した。長州力はまたしても化けたのだ。何度目だ。

　ワニも長州も「いかに予想以上にはみ出していくか、ひとり歩きしていくか」という「観客」の楽しみは続く。

　最後に書いておくとワニと長州にはまだ共通点がある。素人があんまりナメてかかると噛みつかれます。遠くから見ていたほうがいい。

　ホントは怖いんだから。

## KAMINOGE GO ACE

FaceTimeでリモートインタビュー！
いまこそ、この男に触れてみたかった!!

収録日：2020年4月11日
撮影：タイコウクニヨシ　聞き手：井上崇宏

100年に一人の逸材

# 棚橋弘至

［新日本プロレス］

「ここまでけっして平坦な道のりではなかったので、それ相応の闇も抱えているんじゃないですかね。その大きな闇を隠すために、明るく振る舞っているっていうところは無意識にやっているかもしれないです」

RON
ACE
WILL

## 「『目が綺麗すぎる』と言われたこともありますし、あとは『目の奥の闇が深い』って……（笑）」

――ふと気づいたんですけど、ボクが棚橋さんにこうしてちゃんとインタビューさせていただくのってもしかして初めてじゃないですか？

**棚橋**　はい。ボクもそんな気がします（笑）。

――やっぱそうですよね？　すみません、長い間！（笑）。

**棚橋**　待ってましたよ、21年！

――アッハッハッハ！　だからまず、その理由を考えてみたんです。ボクはなぜ棚橋さんにインタビューをしてこなかったのか？

**棚橋**　ああ、その切り口はいいですね。なぜでした？

――なぜならば……棚橋弘至は「まぶしすぎる」。

**棚橋**　アハハハハ！　何を言ってるんですか（笑）。

――いや、まぶしすぎるんですよ。そして「男らしすぎる」。

**棚橋**　いやいや、そんなことないですよ。本当に取り柄のない男ですから。

――さらにもうひとつ、「正しすぎる」（笑）。そういった部分がボクが勝手に棚橋さんとの接触を無意識で避けていたところなのかなと。恐れていたというか。

**棚橋**　ああ、そうですか。つまり、そういうところでも逸材っぷりを発揮していたわけですね。

――まぶしすぎるから、今日もこうしてFaceTimeでお話をさせていただく距離感でちょうどいいんですよ。だって夏の海水浴場でたとえるならば、棚橋さんはビーチの真ん中にパラソルを立てていらっしゃるタイプですけど、『KAMINOGE』はどっちかといえば端っこの岩場のほうでフナムシを探しているような人たちにピントを合わせてきた媒体じゃないですか。

**棚橋**　そんなことはないでしょう（笑）。これまで出ている人たちはそうそうたるメンバーじゃないですか。

――いや、フナムシを見つける名人たちなんですよ（笑）。でも、もちろんこれまでに棚橋さんとは何度かお会いさせていただいてはいましたけどね。

**棚橋**　幼稚園の入試とかね（笑）。

――あ、ありましたね！　ボクの目の前に棚橋さんが並んで立っていて、めちゃくちゃ目立っていた日ですね（笑）。じゃあ、今日はがんばって棚橋さんに触れさせていただきます。

**棚橋**　はい、よろしくお願いします。

――まず、ボクが最近入手した情報がありまして、それは立命館大学のプロレス同好会の後輩たちに脈々と受け継がれている伝説の話ということなんですけど、棚橋さんは学生時代、ターザン後藤さんに「プロレスラーになりたい」ってことを打ち明けたことがありますか？
**棚橋**　いやあ、ターザン後藤さんには言ってないと思うんですけど ね。ボクが憶えていないだけかもしれないですけど、そんな話になってるんですか？
――あれ？　で、そのときにターザン後藤さんが「いや、キミは目が綺麗すぎる」と言ったと。
**棚橋**　ああ！　それなんか憶えてる！
――だけどターザン後藤さんではない？
**棚橋**　いや、誰だったかなあ……。「ボクもプロレスラーになりたいんです」と言った相手が誰だったかは憶えていないですけど、そこで「目が綺麗すぎる」っていう言葉を言われたと思います。
――プロレスラーに？
**棚橋**　はい。
――それはプロレス会場とかでってことですか？
**棚橋**　たぶんプロレス会場ですね。ああ、ボクも忘れていましたけど、たしかに「目が綺麗すぎる」って言われたことがありますね。
――それは要するに「だからプロレスラーには向いていないよ」的なことですよね？
**棚橋**　そうですね。もっといろいろとドロドロした世界なんだよってことをボクに伝えたかったんでしょうね。
――だから棚橋さんは学生時代からまぶしかったってことですよね（笑）。
**棚橋**　ボク、自分ではわりと人と壁を作らずに打ち解けることが得意かなと思っていたんですけど、やっぱり井上さんのように一定の距離を置かれている感じ、最近はそこをちょっとだけ感じますね。
――距離を置きたいというか、こっちはこっちで「近づいちゃいけないんじゃないか？」っていう雰囲気を感じてるんですよね。
**棚橋**　そんな聖人君子みたいな話になっちゃうわけですね。
――棚橋さんとお会いしたときに毎回感じることは、どこか心ここにあらず、「なんかいま全然違うことを考えてるな、この人」みたいな空気感があるんですよ。
**棚橋**　なるほど。
――それで、すみません、ちょっと息が詰まりそうになるというか……（笑）。
**棚橋**　えっ、ホントですか？　そんなことはないんですけどね。
――じゃあ、ずっと心ここにあったわけですか？
**棚橋**　ありますよ。でも、いろんな人から「何を考えてるかわかんない」とはよく言われるんですよ（笑）。
――そうでしょう（笑）。
**棚橋**　その「何を考えてるのかわからない」っていう声もあるし、さっきの「目が綺麗すぎる」みたいなことも言われたりしてきましたけど、あとは「目の奥の闇が深い」って……（笑）。

――アハハハハ！　それはもう悪口ですね（笑）。

**棚橋**　悪口ですよねえ（笑）。

――振り返ってみて、自分の目の奥底に深い闇が宿ってしまった理由に心当たりはありますか？

**棚橋**　まあまあ、それはいろいろね。やっぱり、ここまでけっして平坦な道のりではなかったので、それ相応の闇も抱えているんじゃないですかね。その大きな闇を隠すために、明るく振る舞っているっていうところは無意識にやっているかもしれないですね。ボク、プロレスラーのなかで「光属性」と言われていますから。闇を隠そうとすればするほど、光をさらに強くしているのかもしれない。

## 「ボクらの世代は物質的な幸せのハードルは非常に低いのかもしれない。ほんのちょっとのことで喜べる」

――棚橋さんの人生において、闇を抱える経験っていうのは、ほぼ全部プロレスラーになってからですよね？
**棚橋**　そうですね。
――だから棚橋さんの「生まれてから一度も疲れたことがない」っていうセリフは、本当の本当に疲弊したことのある人間じゃないと思いつかない言葉だというのが私の説でして。
**棚橋**　なるほど。逆説的に真の疲れを知っているからこそ吐ける言葉だってことですね。たしかにそのセリフは２０１２年にドームでオカダ（・カズチカ）に対して言ったのが始まりなんですけど、その年にブシロード体制になるまでの新日本プロレスのプロモーションを一手に引き受けていたという自負はあってですね。ＩＷＧＰのチャンピオンになった２００６年から２０１１年くらいまでは、試合、練習、試合の合間にプロモーションをずっとやっていて、基本的な睡眠時間は3時間くらいでしたから。だから「もう限界だ……」って思うときはありましたね。
――棚橋さんが30歳前後の頃。
**棚橋**　チャンピオンになったのが29歳で、Ｖ11をやったのが34歳なので、30代前半の凄く体力があった頃ですね。それでも「ぶっ倒れるんじゃないか」っていうときが何回かありました。
――本来は疲弊する年頃ではないですよね。
**棚橋**　そうですね。働き盛りというか。いまでこそ試合後の食事会とかは減ってきたんですけど、当時は地方に行けば行くほどスポンサーの方との繋がりとかで、試合後に食事会に行くじゃないですか？　それで時間も深くなるとお姉さんのいる飲み屋さんとかにも行くわけですよ。それである日、キャバクラだったかな。お姉さんから「お疲れ様です！」っておしぼりを渡されたときにボクも強がってたんでしょうね、「ああ、大丈夫。俺、疲れてないから」って言ったんですよ。そうしたら、そのお姉さんが「えー、すご〜い！　疲れないんですか!?」ってめちゃくちゃウケてたから「キタコレ！」と思って（笑）。

——有名な誕生秘話ですね（笑）。

**棚橋**　疲れていないということが女性にとって意外なほど頼りになったりとか、たくましいと感じたりする、そういう印象を与えるのはいいことなんだなと。「じゃあ、もう疲れたって言葉は絶対に言わないようにしよう」と思って。そういう記憶が残っていて、東京ドームでの「棚橋さん、お疲れ様でした」っていうオカダの一言によってボクの脳内のシナプスが、キャバクラとドームを繋げちゃったんですね（笑）。それで「悪いな、オカダ。俺は生まれてから疲れたことがないんだ」っていうのが出たんですよね。

——つまり、あらかじめ用意していた言葉じゃなかったんですね。

**棚橋**　なかったんですよねえ。やっぱりリング上のマイクは筋肉と一緒で、瞬発力が大事なんですよね。っていう『ＫＡＭＩＮＯＧＥ』っぽい話をしてみました（笑）。

——ありがとうございます（笑）。ただ、いま新型コロナウイルスで世界が大変なことになっていて、多くのお客さんを集めてやるプロレスを中止にすることは当然という状況ですよね。そのプロレスができないという現状に対して、棚橋さんは疲労を感じたりすることはないですか？

**棚橋**　ああ、そうですね。もちろん不安な部分はあります。ひとつはキャリアの部分で「いつまで動けるか」っていうところで、コンディションがいいのに試合ができないっていうのは、ちょっとキャリアを無駄にしているんじゃないかっていう気持ちもあるし。あとは収入の部分ですよね。プロレスラーは会社があっての年俸制で、その会社が儲からなければ契約更新でギャランティーがガクンと下がることは間違いないので。そのへんの部分をほかの職業の方たちと変わりなく感じてはいますね。

——新日本プロレスにかぎって言うと、ここまで右肩上がりで進んできたなかで「こんなことがあるんだ!?」っていう思いは正直ありますよね？

**棚橋**　そうですね。まあでも、この思わぬ状況というのは新日本プロレスだけではないじゃないですか。今年の3月から新しくお店を始めようと思っていた人もきっといるだろうし、センバツが中止になった甲子園球児とか、新年度を楽しみにしていた人がたくさんいるわけですから「なんで俺らが？」っていう気持ちにはならないですけどね。みんなが等しい状況ですから。なのでボクはこういうとき、いつも以上に力を発揮しようっていう使命感を勝手に感じていますよ。それでＳＮＳもいつもよりも多めに発信したりとか、生活面ではもちろん外出を控えたりして気をつけていますけど、そうい

うときでも何かおもしろいことや楽しいニュースを発信したいなっていう気持ちはありますね。

――棚橋さんはいま43歳ですよね。

**棚橋**　はい。今年44になりますね。

――ボクもそうなんですけど、いわゆるロストジェネレーションと言われている世代で、社会に出た頃に世の中は不景気っていう。

**棚橋**　そうですね。ちょうど就職難の時代でしたね。

――だからなのか、そこまで多くをほしがらないという気質ではないですか?

**棚橋**　ああ、そうなんですよ。ボクは少しずつ年俸も上がっていきましたけど、まったく贅沢はしていないですから（笑）。本当につつましい生活をしていますよ。毎日、鶏ささみを昼と夜の分、それとブロッコリーと炭酸水、コーヒーを買って帰りますからね。ワンコインよりはちょっとかかりますけど、1日の食費は1500円以内に抑えていますね（笑）。まあ、自然と健康維持ができるからいいんですけど。

――じゃあ、よその家の子よりもちょっと高価なおもちゃを買い与えられたりしたとき、ドキドキしちゃうような感覚ってなかったですか?

**棚橋**　ああ。「いいの?　いいの?」っていう。

――「こんなの俺が所有しちゃっていいのかよ……」みたいな。

**棚橋**　そうですね。ファミコン世代で、ボクには2個違いの弟がいたのでソフトを1個買ってもらえたらふたりで遊べるんですけど、弟とボクに1個ずつソフトを買ってもらったときはたしかにドキドキでしたね。「ひとり1個ずつ買ってもらっていいの!?」ってテンションがマックス上がりました（笑）。でもボクらはバカ兄弟だったので、そのときにジャレコの『忍者くん』と『忍者じゃじゃ丸くん』を買ってしまうっていう。

――モロかぶりの（笑）。

**棚橋**　そうなったら違う種類のやつを買えばいいのに、たいした違いがないっていう（笑）。だから、そう考えるとボクらの世代は物質的な幸せのハードルは非常に低いかもしれないですね。ほんのちょっとのことで喜べる世代かもしれない。

**「男性だけが楽しむものではなく、家族で楽しめたり、女性にも喜んでもらえるようにプロレスを持ってくることができた」**

――いまの若い人たちは生まれたときから不景気なので、さらにその上を行く感じみたいですけどね。

**棚橋**　移動も公共交通機関で済ませちゃいますから、「いいクルマに乗りたい」みたいな野心はないのかもしれないですね。ボクはいいクルマに乗りたい野心だけは常に持ってるんですよ（笑）。

――そこがたぶんロスジェネなんですよ。ちょっと上の世代までがバブルでウハウハしていた姿を見つつ大人になったので。

**棚橋**　だからボクはオカダのフェラーリにはジェラシーを感じてますけど（笑）。「俺もスポーツカーで会場に乗りつけてえな」っていう気持ちはずっとありますね。

――でも、ちょっと燃費が気になったりして（笑）。

**棚橋**　まあ、家族優先でどうしてもファミリーカーっていう（笑）。

――でもバブルが弾けたあとも、プロレス業界はしばらく景気がよかったんですよね。新日本もドーム大会を連発していて。

**棚橋**　2000年くらいまではよかったんですよ。

――棚橋さんが入門した1999年はまだプロレスがキラキラしていた頃ですよね。

**棚橋**　その通りですね。ボクが入門したとき、猪木さんはすでに引退されていましたけど、長州さん、藤波さん、闘魂三銃士がいて、あとはジュニアの人気がもの凄かった時期ですからね。新弟子の頃の記憶に残っている光景は、リングサイドでセコンド業務をやるじゃないですか？　イス席が体育館の壁際まで並んでるんですよ。なので、その細い壁際を走って控室を行き来していたことを憶えています。だから、どの会場も超満員だったんですよね。

――フルハウスの定義がいまとは違っていたってことですよね。

**棚橋**　そうなんですよ。用意して置いてある席が埋まるのがフルハウスじゃなくて、壁際までびっしり入った状態がフルハウス。いまだったら消防法に引っかかってしまうんじゃないかというようなイスの並べ方をしていましたから。だから「俺はこのまま一生懸命に練習だけしていたらすぐにスターだわ」って思ってましたもん。

――しかし、棚橋さんはそこから社会人としてのロストを味わうわけですよね。

**棚橋**　いやあ、早かったですね。目に見えてイス席の数が減っていきましたから。いちばんキツイときなんかは、リングサイドに2列とか4列だけっていうのもありましたね。「これ、やべえな。目で数えられちゃうな」っていう。

――いまさらなんですけど、あそこでプロレスの人気が落ちていった原因はなんだったと思います？

**棚橋**　いくつかありますけど、ボクが思うのはスター選手の分散ですかね。

――武藤さんたちが全日本に移籍をしたりとか、橋本真也さんがゼロワンを旗揚げしたりして。

**棚橋**　あとはプロレスよりも魅力的なジャンルの登場ですかね。

――当時は格闘技ですよね。

**棚橋**　総合格闘技を見ることのほうがオシャレみたいな。「プロレスって古臭くない？」みたいな、そういう当時のニュアンスは薄々感じていましたね。

――自分たちがやっているプロレスがイケてないみたいな捉え方をされていることを感知したっていうのは、とんでもなくしんどいことですよね。

**棚橋**　でも、みんなそうだと思うんですけど、ボクはプロレスを観て好きになったので。武藤さんの試合や、全日本の小橋さんの試合を観て「やっべー！　プロレスラーはハンパねえ！」ってなったから。だから「そもそもプロレスを観たことがない人が多いんだろうな」っていうふうに思ってました。

――プロレスにアクセスする機会が失われていたと。

**棚橋**　プロレスって好きになるまでにディレイがあるというか、金曜夜8時に観ていた世代が大人になって、自由にお金を使えるようになったときに観ていたのが1990年代。その後、プロレスの中継が深夜帯に行ってしまって、子どもの頃にプロレスを観たという体験がなかった人が多い世代が2000年くらいなんじゃないかなって。そう考えると、2010年以降はちょうどボクぐらいの世代が40を迎えて子どもができて、家族でどっかに行くかっていうときに「プロレスを観に行こうか」っていう、またそういうサイクルにハマったのかなっていう気がしますね。

――自分に置き換えてみたら、もしプロレスラーになっていなかったとしても、いま子どもを連れて最低でも年に一度のドームは観に行ってるだろうなとか、そういうイメージってありますよね。

**棚橋**　はい。無理やりにでも連れて行ってんだろうなって思います（笑）。

――「誰が好き？　誰が好き？」って無理やり強要したりとか（笑）。

**棚橋**　そういう男性だけが楽しむものっていうのではなく、家族で楽しめるものであったりとか、女性が観ても喜んでもらえるみたいなところにプロレスを持ってこれたのは「いやあ、棚橋、よくやったな！」って思いますね。

――その土壌を作ったのは完全に棚橋さんでしょうね。

**棚橋**　最初はいろいろと言われたりもしましたけど、ビジュアルを重視してみたり、ほかのプロスポーツと比べても見劣りしないフィジカルを作ることだったり、そういうところを凄く意識しました。

## 「ベビーフェイスなのにブーイングをもらってる気の毒なヤツという時期を経ているから、メンタルがだいぶ強いっス」

――そこに向かうにあたって最初から確信はあったんですか？

**棚橋**　とにかくプロレスのイメージを変えたかったんです。そこはやっぱりプロモーションで自分の足であちこちを回った経験が凄く活きていて、とにかくプロレスに対する第一印象がよくなかったんです。

――プロレスラーがやってくるということに対して？

**棚橋**　プロレスラーの印象というよりはプロレス自体への印象ですね。痛そうとか、血が出るとか、一般の人にはそういう強いイメージだけが残っていたんですよ。つまりレスリングの競技性だったり、フィジカルだったり、ビジュアルだったりっていうところがあまり届いていなかったんです。そこで「もっといいところがいっぱいあるのになあ」「おもしろいところがたくさんあるのになあ」って思いながらも「でも入口で拒否されちゃったらどうしようもないよな……」っていうことをずーっと日々考えてましたね。「だったら」っていうことでプロモーションに行くにもちょっとオシャレして行ったりとか、わざとタンクトップを着て行って筋肉をアピールしたりする日もあれば、プロレスラーなのにあえてプロレスの話をせずに棚橋個人にまつわるオモシロ話をするだとか、そうやって人となりを理解してもらいながら変えていった感じはします。

――それは疲れたでしょうね。

**棚橋**　いやあ、マジで疲れましたよ（笑）。

――そういった動きに出たとき、新日本のスタッフやほかのレスラーたちとは意思の疎通は図れていたんですか？

**棚橋**　まず最初に声をかけてくれたのがボクと同世代である営業の阿部周摩さんで、阿部さんから「今度、旭川を担当することになったので一緒にプロモーションに行ってくれませんか？」って言われたんですよね。それまでは選手が稼働して大会をＰＲするっていう前例がなかったんですね。

――えっ、そうでしたっけ？

**棚橋**　それをやらなくてもお客さんが入っていたので。

――たしかに大会前にわざわざレスラーが現地まで出向いてっていうのはなかったかもしれないですね。「チケットを売るのは営業の仕事だろ」っていうノリもあったでしょうし。

**棚橋**　そうなんです。チケットを売るのはあくまでも営業の仕事で、プロレスラーはプロレスをやっていればいい。「でも、そういう状況ではないな」と思ったんですよ。だけど、これって猪木さんから学んだんですよね。猪木さんも自分から飛び込んで行って「今度のチケット買ってよ」ってやっていたらしいですから。猪木さんから直接頼まれたら買わざるをえないじゃないですか。猪木さん本人が来たら誰でも喜ぶし、「じゃあ、ちょっと観に行こうか」って気になる流れってあるなと思って。ボクなんか当時は無名だったんですけど、そういう選手自身が稼働する大切さというか、営業の気持ちに応えたいなと思ったことがきっかけでしたね。

――その思いに同調した選手はいなかったですか？

**棚橋**　やり始めた頃はいなかったかなあ。いまでこそいろんな選手が各地に飛んでプロモーション活動をやっていますけど、最初は完全に孤軍奮闘でした。そうやってプロモーションもがんばって、もちろん練習もがんばっていたんですけど、とにかくリング上ではブーイングだったんですよ。

――肝心の試合で。

**棚橋**　会場に味方がいないというか、ベビーフェイスなのにブーイングをもらってる気の毒なヤツっていう。かわいそうっていうか、ホントに腫れ物に触るような存在だったと思うんですよ。だからね、ボクはメンタルがだいぶ強いッスよ。

――そこで強くなれたんですか？

**棚橋**　信念が勝ったッスね。「過去と同じことをやっていたら下がるだけだ。だから俺がやってることは絶対に間違っていない！」っていう信念。それだけでしたね。

――それがのちに正しかったことが証明されたわけですけど、いまでは新日本だけじゃなく日本中のレスラーがもう棚橋さんのフォロワーばっかりじゃないですか。見た目のビジュアルも含めて。

**棚橋**　そうですね。全日本プロレスの宮原（健斗）くんとメシを食っていろいろ話したことがあるんですけど、「棚橋さんのプロモーションのやり方とかが凄く勉強になりました。だから同じことをやっています」って言ってくれたりとかして。がんばっているみたいですよ。

――宮原選手たちの世代的にはそれが自然なことですよね。いまプロレスを盛り上げていこうとしたときに何をするかと考えたとき、やはり棚橋さんのフォーマットをなぞるということがごく当たり前の行為として飲み込めるんでしょうね。

**棚橋**　そうでしょうね。とにかくすぐに成果が出るものではないので根気はいりますけどね。ボクは「3年後理論」と呼んでいるんですけど、もちろん第一義的には翌週の大会のためのプロモーションではあるんですが、また来年そこに来たとき、再来年に来たときのプロモーションでもあるということで、やっぱりディレイがあるんです。たとえば2020年の盛り上がりは2017年のがんばりなわけです。そこでもし動員が下がるようなことがあれば、それは3年前に何か理由となることが起きているんです。だからその3年周期という大きな考えで動いていけば、下がり始めたなっていうときに何かテコ入れをして、高い水準で推移していくことができたら、ビジネスが大きく下がることはないかなという気がします。


**「2018年のG1で棚橋のプロレスが少しオトナになりましたね。べつにエロい意味じゃないですよ？」**

――なるほど。ボクらみたいに長年プロレスを観ている人間からすると、うまくいくことなんていうのは永遠ではないというか、無常であるというのが心のどこかにあるじゃないですか。
**棚橋**　ありますね。

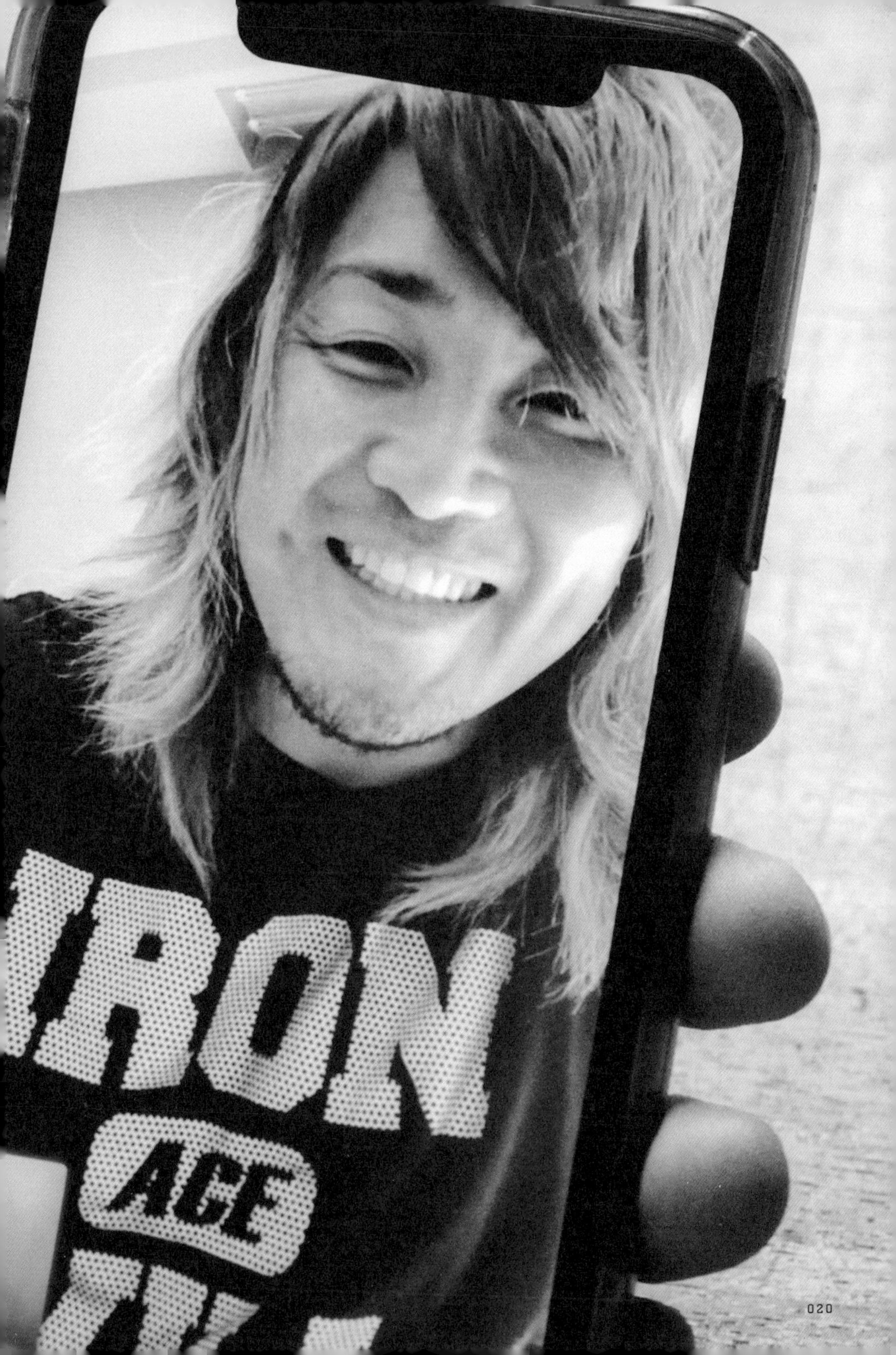
IRON
ACE

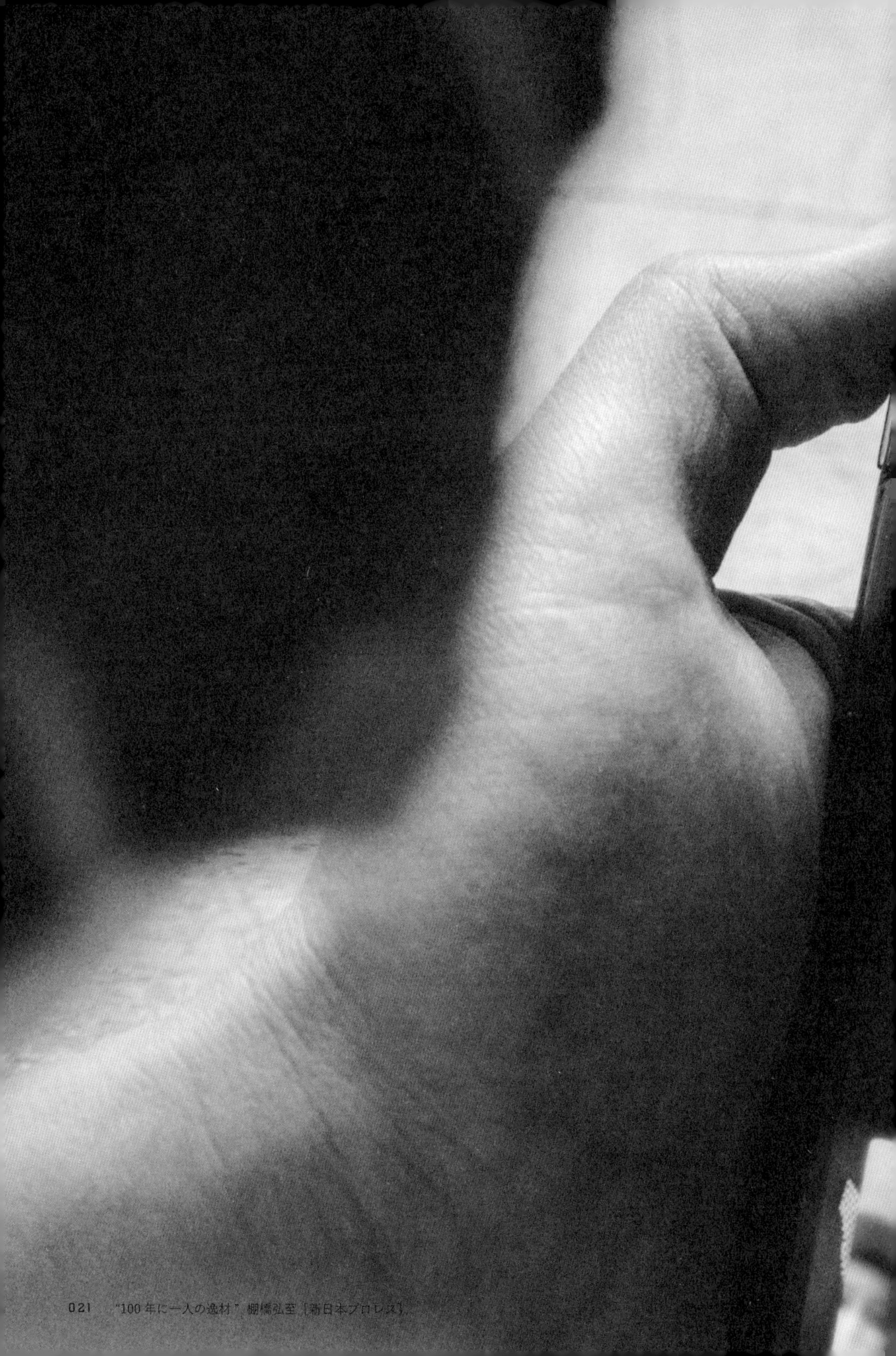

021 “100年に一人の逸材” 棚橋弘至［新日本プロレス］

――そこの緊張感っていうのはあります？

**棚橋**　ありますけど、そこも新日本プロレスはいち早くカバーできるように、毎年かならず新弟子を採り続けてますね。ボクと中邑が大変だったのは、すぐ上の先輩もいなかったですし、下の後輩もそんなに育ってきていなかったことなんですよ。だから欲を言ったら毎年ひとり有望な将来のエース候補がいれば、そこまでビジネスが下がったりはしないかなって。いま棚橋が新日本プロレスを抜けたとしても、内藤がいる、オカダがいる、飯伏がいる、ジェイがいる、っていうところで大きくは崩れないと思うんですよ。そういう繰り返しなんだろうなって。それが2000年代になって三銃士がそれぞれバラバラになってしまったときの教訓というか、そこをうまく活かしていきたいなと思っていますけど。

――結果的に中邑選手が退団したときも、新日本はまったく落ちなかったですね。

**棚橋**　ボクもあのときは「どうなるんだろう？」って不安だったんですけど、やっぱり新日本の歴史というか、「抜けたところに俺が入ってやる！」っていう選手の野心というか、あそこで内藤が出てきたし、ケニー（・オメガ）が出てきたしっていう。そのケニーが抜けたら次にジェイが浮上してくるわけじゃないですか。そこがいまの新日本プロレスが強いところかな。これで棚橋が抜けたときに誰が出てくるんだろうなって思いますけど、ちょっといないかな（笑）。

――アハハハハ！　ダメじゃないですか（笑）。

**棚橋**　棚橋の代わりはまだちょっといないかな（笑）。エースの要素は、明るくて、ちょっとバカっぽくて、でも全体を俯瞰で見ることができるような選手。それが全部ある選手っていうのがまだいないんだよなあ。強い選手はいるし、カッコいい選手もいるし、人気のある選手もいるんですけど、「コイツに任せてもいいかな」っていう選手はまだちょっと。だからこそ、まだまだがんばろうかなっていう気にはなっていますけどね。

――そうやって全体を見ることができる棚橋さん、いちプレイヤーとしての棚橋さんというふたりいると思うんですけど。たとえば中邑さんなんかは全体を見て「もう自分が抜けたところで新日本は何も変わらない。それが確信できたので退団します」と言ってWWEに行ったわけですけど、それで本当に変わらなかったっていうのは、いちプレイヤーの心情として、正直「本当にそうかよ（笑）」っていう部分もあると思うんですよね。

**棚橋**　ああ、あると思います。それはプライドの問題ですよね。そういえばボクは中邑が抜けたあとのサイン会とかのイベントで、そういう不安を払拭しようと思って「WWEまで追いきれない中邑ファンの方はこれから棚橋預かりにしておくからねー」って言って、Win-Winになるようにしておきましたからね（笑）。

――えっ、それはファンに直接言ってたんですか？（笑）。

**棚橋**　直接言ってましたよ（笑）。サイン会とかに中邑のTシャツを着てくる方とかいるじゃないですか。そういう方たちに「大丈夫！　中邑ファンはこれから棚橋預かりだから」って。その預かっているファンは、もし中邑が何年かのちに新日本に帰ってくるようなことでもあればお返ししますから、それぐらいは言ってもいいだろうということで。だからボクはずっと中邑ファンを預かったままですね（笑）。

――ずっと天才ですね（笑）。今年44歳になる棚橋弘至は、プレイヤーとしてはどういう状態なんですか？

**棚橋**　やっぱり全然動けていないですね。新日本プロレスワールドとかで少し前の試合を観るんですけど、２０１６年くらいが大きな転機でしたね。２０１５年に中邑とＧ１の優勝を争ったときはそんなにコンディションが悪いとか、ヒザが痛いっていうのは感じなかったんですけど、それが39～41歳の前厄、本厄、後厄で見事に体調を崩しました。

――ボクも痛感しましたけど、厄年ってマジで怖いですよね（笑）。

**棚橋**　そうですね。でも、厄は自分に来ないとまわりの人に振りかかっちゃうって言うので、全部がっつり自分に来たのはさすがプロレスラーだなって思いましたね。すべて受け身を取りました（笑）。

――なるほど（笑）。ほかの競技のアスリートと比べて、レスラーは選手寿命が長いじゃないですか。

**棚橋**　そうですね。選手次第という部分ではジャイアント馬場さん、長州さん、藤波さんみたいな方々もいらっしゃいますから。

――選手寿命が長いということは、すなわち万全ではないということが当たり前でもありますよね。

**棚橋**　そうなりますね。２０１８年のＧ１のとき、自分の全盛期の動きというか、若いときの動きに引っ張られないようにしたんですよ。あれは気づきでしたね。自分のできる範囲内の動きで勝負をしようという。たとえば、持っている駒が飛車角落ちだったとしても、それでいかに勝つ戦略を立てるかみたいな。あの２０１８年のＧ１で棚橋のプロレスが少しオトナになりましたね。オトナのプロレスになった。べつにエロい意味じゃないですよ？（笑）。

**「どうやってあと2回チャンピオンになって、IWGP最多戴冠記録を10に乗っけようかってことばっかり考えてます」**

――まったくエロさは感じなかったですけど（笑）。レスラーの場合は、ベストではない状態だからこそ生まれる魅力というのもありますしね。

**棚橋**　そうですね。

――おっしゃるように、やれることが制限されたなかで何を表現するかっていう。武藤さんなんかはまさにそうだったと思うんですけど。

**棚橋**　武藤さんはムーンサルトを常に繰り出すことが厳しくなってきて、ファンが「どうするんだ？」って思ったタイミングでシャイニング・ウィザードを生み出したりして、あれはホントにひとつのモデルケースですよね。ボクもそういうスタイルチェンジはいいなと思ったんですけど、なんかね……飛び続けたいんですよね（笑）。

――ああ、ずっと飛んでいたい。

**棚橋**　はい。「飛べない棚橋なんてただのイケメンだ」って思われちゃうんで（笑）。

――アハハハハ！　それは感じ悪いぞと（笑）。

**棚橋**　飛べなくなっても全然一歩も下がらない、むしろ前に出ちゃうみたいな言い草ですけど（笑）。だから、もしかしたら飛べなくなったときが引き際かもですね。まあ、それはコンディションの話ですけど、やっぱりメンタルの部分が大きいかなと思いますね。いままでもチャンピオンベルトを目指してやってますし、そのチャンピオンベルトを目指さなくなったときがボクの本当の引き際だと思っているので。だから気持ちの部分がポキッと折れたときはもう早いかもしれないです。もしくは疲れたときが引退するときですかね。

「棚橋の引退理由＝疲れ」って（笑）。

――「やっぱり疲れちゃった」（笑）。

**棚橋**　もし、ボクが寿命を迎えたときの死因が「疲れ」だったら嫌ですね（笑）。「アイツ、疲れたことがないって言ってたのに死因が疲れかよ」って。

――いちばん弱かったんじゃないかって（笑）。

**棚橋**　それは一生をかけたブラックジョークですよね（笑）。でも最期にクスッと笑わせて死ねたら人生最高じゃないですか。でも、いまのところ頭の中で幕引きは全然考えていないです。どうやってあと2回チャンピオンになって、IWGP最多戴冠記録を10に乗っけようかって、そればっかり考えてます。

――へぇ～！

**棚橋**　でも10に乗っけるためには1回獲って1回落とさないといけないんで（笑）。

――しんどいですね（笑）。

**棚橋**　そうなんですよ（笑）。

――じゃあ、いまは新日本プロレスやプロレス界全体のことを考えるというよりも、いちプレイヤーとしての意識に集中できる感じですか？

**棚橋**　いまはもう完全にそっちですね。

――個としての自分。

**棚橋**　もちろんプロモーションとかSNSでプロレスを広めていくっていうことは継続しながらも、いまはいち個人の野心だけで燃えてますね。全体を俯瞰して「ここは俺が出て行くところじゃねえな」なんて、そんな遠慮はいっさいないです。チャンスがあればガシガシ行ってやろうと思ってますよ。それがね、棚橋を応援してくれるファンのいちばんの願いだと思うんですよ。全体を見て遠慮してる選手なんて誰も応援したくないじゃないですか？　会場で棚橋Tシャツを着てくれているファンの方は、ただ勝ってほしい、ただ活躍してほしいっていう願い、思いからグッズを買ってくれているわけで。だから、いまはいちプレイヤーとしての野心に全比重をかけています。ここ数年の棚橋ファンっていうのは悔しい思いのほうがね……。ケガで欠場だったりとか、ビッグマッチで負けたりとか、それでもずっと辛抱強く応援を続けてくれているので、そういうずっと応援してくれているファンがうれしくて泣いてくれるようなものを出していきたいですね。

——プロレスファン全体というよりも棚橋ファンをいま一度喜ばせたいと。

**棚橋**　そうですね。もう1回、歓喜の渦に導きたいですね。それがいまはできる状況なんですよ。新日本がいい状態で、ボクが全体を見なくてもみんなが稼働してくれている、ファンも応援してくれている。ここにきて、ようやくいち個人としての動きにシフトできるっていうか。

——そう聞くと、楽しみでもあり、まだまだ恐ろしいなという気もしますね。

**棚橋**　コスチュームが年々派手になっていってますけど、ちょっとまた来年あたりに路線変更もありかなと思っていて。シブ～い感じのね。木戸修さんみたいないぶし銀な感じで。

——絶対に無理でしょう（笑）。

**棚橋**　それで急にフィニッシュがワキ固めになっちゃったりとか（笑）。ボクらは若手の頃、ずっと木戸修さんにコーチをやってもらっていましたので。

——その匂いはまったく残っていないですけどね（笑）。

**棚橋**　残っていないです（笑）。いや、木戸さんの練習はホントにキツかったんですけど、最高だったのがずっと川原でやるんですよ。

——多摩川の。

**棚橋**　それでボクと健三さん（鈴木健想）とかはスクワットしたり、プッシュアップしたり、走ったりとかしてたんですけど、なぜ川原なのかっていうと木戸さんが日焼けしたいからで（笑）。もう、ずーっと炎天下でスクワットしてましたからね！　身体によくないですよ、ホントに（笑）。

**「世界がコロナに好き勝手にやられているという状態ですけど、いまはとにかくとことん受け身を取ってやろうっていう」**

——アハハハハ。話をガラッと変えちゃうんですけど、棚橋さんっていつから〝棚橋弘至〟だったんですか？

**棚橋**　それはプロに入ってからですね。入門する前までは違っていて、中学まではめちゃめちゃ赤面症というか、女子と話すときとかすぐに顔が真っ赤になってしまったりとかして。

――ああ、ボクもそうでした。

**棚橋**　ボク、むっつりすぎて女子トイレの前も通れなかったですから。

――わかります、わかります（笑）。

**棚橋**　だから好きな子がいるクラスの前を通るのもちょっと恥ずかしくて。あとは合唱コンクールとかで歌うじゃないですか。クラス全員で歌うから全然見られていないだろうなって思っていても、ひとりだけ顔が真っ赤とかありましたね。

――うわ、わかりすぎる……。ちょっと自意識過剰って部分もありますよね。

**棚橋**　それもあったかもしれないですね。どうして克服できたんですかね？　やっぱ慣れですかね。少しずつ隣の席の女子としゃべれるようになってきたとか、やっぱりコミュニケーションは慣れでしょうね。

――まあ、棚橋さんは全局面で努力しますもんね。

**棚橋**　そうなんですよぉ。これでも努力は見せないようにしているんですけど、「努力の人」って言われてしまうんですよ（笑）。チャラいキャラはあまり努力を見せないほうがいいんですけどね。だから高校のときに極度の恥ずかしがり屋は克服しましたけど、それでも人前でワーッと目立つようなタイプではなかったんですよ。やっぱりプロレスラーになってからですね。そこからリング上も普段の生活も全部が見られている状態というか、オン・オフがなくなっちゃったんです。リング上だけキャラクターを演じて作っていても、きっとそれは見透かされるから「じゃあ、もうどっちもオンでいっちゃえ」みたいな。だからボクの感覚としては、リングと家が地続きみたいになってますね。玄関を開けたらもう会場みたいな感じです（笑）。

――じゃあ、家は控室ですか？（笑）。

**棚橋**　そうなんですよ（笑）。

――「自宅は控室」っていいですね。

棚橋　ボク自身、もともと何か楽しいことが好きだし、何か楽しいことがないかなって生活をしていて、それをファンにシェアするっていうのがたぶん性格に合っていたんでしょうね。「天職なんじゃないかな」っていま頃になって思い始めました。

――いま頃ですか？

**棚橋**　もうキャリアも終盤にきて思い始めましたね（笑）。もっと早く思っていられたらよかったのに。

――さて、いまコロナが世界中を席巻しているという状況ですけど。

**棚橋**　はい。

――プロレスラーにいまの状況を救えることは何もないと思います

けど、プロレスという概念からは何か考えられることがあるんじゃないかなという気が漠然としていまして。

**棚橋**　そうですね。やっぱりプロレスでもっとも重要な身体を守るという部分で「受け身」というのがあって、その受け身というのは、取って、取って、取り続けたらうまくなるんです。ボクが尊敬しているヒロ斎藤さんもとても受け身が上手な人なんですけど、相手の技を食らい、そこで受け身を取ってから立ち上がるというのは、要するに受け身を取り続けていることでダメージに耐えうる身体になっているからこそ、さらに立ち上がっていけるっていうことなんですよ。よく病気が治ったあとに「免疫がついた」って言うじゃないですか？このコロナというパンデミックの状況はボクらにとって初めての体験なんですけど、この状況を克服したときっていうのは日本が、世界全体がまた強くなっていると思うので。そういう少しでも明るいイメージ、「俺たちはこのウイルスに打ち克ってさらに強くなるんだ」っていうところは、やられてもやられても何度も立ち上がっていくプロレスの強さとシンクロする部分はあるかなと思っています。

――いまはとにかく自宅にいることとか、手洗いやうがいをしてちゃんとケアをし続けるということが、コロナに対しての受け身というか。

**棚橋**　そうです。世界がコロナに好き勝手にやられているという状態ですけど、そこからの復活。その復活のタイミングをうかがいつつ、いまはとにかくとことん受け身を取ってやろうっていう。

――そうですね。ボクはこれまで棚橋さんが放つまぶしさを避けて生きてきましたけど、今日お話をさせていただいて、やっぱり楽しかったです（笑）。

**棚橋**　いやあ、それはよかったです（笑）。たぶん井上さんのなかでボクを避けていたっていうのは、こうして接触してしまうと、ボクの光によって浄化されてしまうんじゃないかという不安があったからですかね？

――ああ、それはありますよ。やっぱりボクは薄汚れたままの自分でいたいんですよ（笑）。

**棚橋**　アッハッハッハ！　でもね、本当の自分を見てくれている、知ってくれている人がいるって、とても大事なことですよね。これからは井上さん、ボクのことを見ていてください！

――はい、見ます！（↑すっかりメロメロ）。

**棚橋**　あとでＬＩＮＥを交換しましょう（にっこり）。

棚橋弘至（たなはし・ひろし）
1976年11月13日生まれ、
岐阜県大垣市出身。
プロレスラー。
立命館大学在学中に新日本プロレスの入門テストに合格し、卒業後の1999年4月に入門。同年10月10日、真壁伸也（刀義）戦でデビュー。2003年、U-30無差別級王座、IWGPタッグ王座、GHCタッグ王座を立て続けに戴冠して躍進。その後、同じく将来を嘱望されていた柴田勝頼、中邑真輔と「新闘魂三銃士」として売り出されるが、これに3者とも反発。2006年7月17日、IWGPヘビー級王座を初戴冠。以降も新日本プロレスのエースとして、G1クライマックス3度の優勝や、新日本プロレスを盛り立てるべくリング外でも尽力してきた。

IRON

バッファロー吾郎Aの
きむコロ列伝!!
Buffalo GoroA

第101回
# 志村さん、ありがとうございました

バッファロー吾郎A

バッファロー吾郎A/本名・木村明浩（きむら・あきひろ）1970年11月24日生まれ/お笑いコンビ『バッファロー吾郎』のツッコミ担当/2008年『キング・オブ・コント』優勝

志村けんさんがお亡くなりになった。享年70。早すぎる。誰かが「今回も『死亡説』であってほしい」と何かに書いていた。私もそう思う。いつも私達に笑顔を与えてくれたコントの神様が、本当の笑いの神様になって天に帰って行ったと思えばいいのだろうか。いや、コントの神様なら『神様コント』の加藤さんのように物凄い電飾の付いたブランコで天から降りて来て「とんでもねぇ、アタシゃ神様だよ」と言ってほしい。

志村さんの代表的なギャグに『アイーン』がある。ネット上でたまに『私（著者）がアイーンを考案した』というニセ情報を見かける。アイーンは間違いなく志村さんが考案したギャグだ。じゃあ、なぜこんな情報が出るのか？


それは今から30年ほど前、私が『吉本印天然素材』というお笑いユニットに入っていた頃、ライブのポスター撮影で「みんなでおもしろい顔をして撮ろう」となったが、私はおもしろい顔ができずメンバーから「おまえの顔はおもんない」と言われて苦肉の策でアイーンをやった。すると皆から「なんやそれ？」と突っ込まれたので、

「志村さんのギャグやん。『カネボウ・フォー・ビューティフルヒューマンライフ、アイーン』ってやるギャグを知らん？」

と言い返したことでメンバーの間でプチアイーンブームが起こった。


それから数年後、天然素材のメンバーだったナインティナインが志村さんと共演した時に岡村が「志村さんのギャグで『アイーン』が大好きなんですよ」と言っても志村さんは「何それ？」と憶えていない様子だったので、

「ありますやん。アゴを突き出しながら片手を前に出して『アイーン』って言うギャグが」と熱弁すると志村さんは、

「アイーンなんて言ってねぇよ」

と、不機嫌になったらしく、その様子を見て岡村は本当に「アイーン」とは言って

ないと確信したらしい（のちに岡村から聞いた）。

「アイーン」と言っていない衝撃の事実。いや、そんなハズはないとドリフ大爆笑を100本以上観返したが、基本は無音バージョン。たまに台詞があっても「なんだバカヤロウ」や「怒っちゃやーよ」で「アイーン」とは一度も言っていなかった。冷静に考えてみればアイーンの原型はアントニオ猪木vsモハメド・アリの猪木さんのモノマネの可能性が高く（ドリフ大爆笑での『大砲コント』で不発弾をアリに見立ててアリキックを見舞おうとしている）、猪木さんがリング上でアリに向かって「アイーン」と言わない限り志村さんが「アイーン」と言うワケがない。完全に私の思い込みだった。

岡村の話には続きがあって、不機嫌になった志村さんはすぐに、

「でも岡村が言う通り『アイーン』って言ったほうがおもしろいな。これからはアイーンって言うよ」とやさしい表情で岡村に言ったらしい。志村さんのようなスーパーレジェンドが何十年も後輩の芸人に自分のギャグを間違って言われたら（私のせいだが）怒ってもいいはずなのに、自分がおもしろいと思ったら後輩の意見でも取り入れる志村さんのストイックさに私は感動した。

志村さんの功績は日本だけでなく世界規模だ。

『加トちゃんケンちゃんごきげんテレビ』の『おもしろビデオコーナー』は一般人が撮影した楽しいビデオを紹介するという、まさに現在のＹｏｕＴｕｂｅの原形だ。志村さんはこれを30年以上も前に企画している。しかし当時は理解されずスタッフに反対されたが、志村さんはスタッフを説き伏せ、当時まだ家庭にビデオカメラが普及していない時代に一般人にビデオカメラを貸し出した。それによりこのコーナーは大ヒットし海外でも注目され、「他人の動画を楽しむ」という行為が世界中に浸透した。この話はテレビなどで紹介されて有名な話のハズなのに知らない人が意外と多い。

だから新型コロナウイルスの蔓延で家に閉じ籠らなければいけない苦しい状況でも、なんとか耐えることができるのは志村さんのおかげだと言っても過言ではない。

お会いしたら聞きたいことがいくつかあった。

スリッパで加藤さんを叩く時に裏ではなく足の甲の部分で叩くのはなぜなのか？

ケンちゃんの健康牛乳コントのコップの仕組みはどうなっていたのか？

「だっふんだ」と言ったあとにガラスが割れる音を入れた意図は？

女性アイドルとコントをする時、どこまで演出をされていたのか？

ドリフ加入当時のドリフ大爆笑での一人コント『ハンモックで読書』はご自身が持ち込んだネタだったのか？

ドリフ大爆笑で再度5人揃ってのコントをやるキッカケは何だったのか？

まだまだ聞きたいことはあるが、私が未熟だったせいでお会いできなかったのが悔しい。

志村さんのご冥福をお祈りいたします。

志村さん、本当にありがとうございました。

# TOGETHER WITH YOU

いま俺たちにできることってなんだ？
同じ 1988 年デビューのふたりが遺恨を超えて再会。

世界一性格の悪い男

## 鈴木みのる

**この時期にしっかりと練習しているヤツとしていないヤツとでは、
試合が再開されたときにハッキリと差が出るんだよ**

×

鉄人

## 小橋建太

**プロレスは生きるためにかならずしも必要なものじゃないけど、
それを楽しみにしてくれている人たちがいるんですよ**

収録日：2020 年 4 月 15 日　撮影：タイコウクニヨシ
試合写真：平工幸雄　構成：堀江ガンツ

DIESEL INDUSTRY EST. 1978
ONLY THE BRAVE
D

## 「鈴木みのるはホントに元気だから励まされますよ。こうして顔を見たら憎たらしいけど（笑）」（小橋）

——何かと因縁深いおふたりですけど、こうして対談をしたのは鈴木さんの25周年DVD BOXのみですか？

**鈴木**　そうだね。あのとき1回だけだね。

**小橋**　だって握手したのだって、俺の引退試合が終わったあとが初めてだからね。試合が終わったあともずっと待っていてくれて、俺が武道館を出ようとしたときに「最後だから握手しよう」って言ってきて。

**鈴木**　もう会うこともないだろうと思って握手したんだけど、それ以降のほうが会う機会が多かったという（笑）。

——そのあとも、『TAKAYAMANIA』とかで何度かチョップも喰らってますからね（笑）。

**小橋**　現役時代はこうして対談をするなんて考えられなかったから。

——小橋さんはいまトークイベントやプロデュース興行で、いろんな大物レスラーと対談をされているじゃないですか。でも鈴木さんと一緒にトークイベントやろうとは、これまで考えなかったんですか？

**鈴木**　避けてたの？（笑）。

**小橋**　いや、毎回候補には挙がってるんだけど、なかなかスケジュールが合わなくてね。いま新日本プロレス所属ではなくて、フリーとして個人でやってるって聞いて、俺にもチャンスがあるかなって。

**鈴木**　なんのチャンス？　殴るチャンス？　ヒザ蹴るよ（笑）。

**小橋**　違う、違う。オファーのチャンスがあると思ったんで。

**鈴木**　いま、こういうプロレス関連のは俺個人でやっていて、あと芸能活動はすべてサンミュージックに所属してるんで。テレビやラジオはすべてあっちで。

**小橋**　ああ、そうなんだ。でも、いまフリーは大変でしょう？

**鈴木**　俺はどっかから給料をもらっているわけじゃないから。プロレスの試合をやっていても「1試合いくら」でもらっているだけで、いまだに年間契約とかしてないんで。だからこの試合のない期間は収入がゼロ（笑）。

**小橋**　それがまさしく鈴木みのるだね。流浪の道じゃないけど。

**鈴木**　国が補償とかいろいろ言ってるけど、期待するのはやめたんで。くれるならもらうけど、それに期待して動かないんだったらなんにもならないから、とにかくいまできることをやろうと思って。で、いま自分ができることはパイルドライバーという自分のお店なんで、通販の仕掛けを一生懸命やってるね。あとトレーニングはちゃんとやるっていう。小橋建太を見習って（笑）。

**小橋**　嫌味を言われるのかと思ったよ（笑）。

**鈴木**　見習ってそろそろ入院しなきゃなと思って。ちょっと前まで入院してたんでしょ？

**小橋**　ちょっとヒザの手術をしただけだから。でもホントに元気だから励まされますよ。顔を見たら憎たらしいけど（笑）。

——鈴木さんと小橋さんって、じつは完全な〝同期〟なんですよね。歩んできた道は違うものの。

**鈴木** そう。お互い1987年に入門して1988年デビューだね。

——たしかデビューは小橋さんのほうが少し早いんですよね。3～4カ月くらい。

**鈴木** 何月？

**小橋** 88年の2月デビュー。

**鈴木** 俺は6月なんで、4カ月小橋のほうが早いんだ。

——おふたりは入門はいつですか？

**鈴木** 俺は87年3月。

——あっ、早いんですね。

**鈴木** 3月17日だよ、忘れない（笑）。でかいバックを持って、この等々力駅から道場まで汗をダラダラかきながら歩いたのを憶えてるもん。

——じゃあ、小橋さんのほうが入門はちょっと遅かったんですね。

**小橋** ボクは87年6月だったんで。

**鈴木** だから俺のほうが入門は早いのに、デビューまで1年3カ月もかかったのには理由があるんだよ。

**小橋** どんな理由？

**鈴木** じつは入門した時点では俺のほうがエリートなんだよ。小橋は高校時代に柔道をやっていて、俺はレスリングをやっていたんだけど。全国大会で決勝戦まで出て、日本代表として海外で試合をやったりとかもしてたし、新日本に入るときもサンボのビクトル古賀さんの紹介もあってさ。ただ、俺の場合はやらかしてしまう（笑）。

**小橋** 昔からそんなイメージはあったけど、なんかやったの？

**鈴木** たとえば入門して半年くらいのときに、すぐそこに目黒通りの陸橋があるんだけど、あそこの下でお巡りさんに捕まったことがあるんだよ（笑）。

**小橋** えーっ？

——新弟子が何をやってるんですか（笑）。

**鈴木** いや、当時新日本の選手が出入りしてたラーメン屋さんがあって、そこにバイクで荷物を届けに行ったんだよね。それで帰りに上の陸橋を渡って帰ろうと思ったらお巡りさんに捕まって。「おまえ、酒飲んでるだろ！」って言われたんで「いや、飲んでない」って言ったら、「飲んでるだろ。酒臭い」って言われて。「いや俺、ホントに一滴も飲んでない！」って言っても「ダメだ。検査させろ」って。だから「じゃあ、検査して一滴も出なかったらどうすんの？飲んでねえって言ってんだろ！」って、そこでお巡りさんとケンカをしたことがある（笑）。

「俺がいちばん出遅れてるっていうのはわかってた。船木がずいぶん前を歩いていて、小橋も前を歩いていて」（鈴木）

**小橋** で、そのときは飲んでたの？

DIESEL INDUST
ONLY THE BRA
D RR-55
IT.HQ

**鈴木**　一滴も飲んでない。なんで飲んでないかっていうと、そのちょっと前に六本木でちょっと事件を起こしまして、謹慎中だった（笑）。

**小橋**　えっ？

**鈴木**　新弟子のくせに俺と船木（誠勝）のふたりでさ。当時19歳……もう時効だよね？

――未成年ですが、30年以上前の話ということで（笑）。

**鈴木**　六本木でちょっとお酒を飲んでしまい、道路で暴れてしまい、ちょっとチンピラっぽいヤツとケンカになってパトカー5台に囲まれて、そのまま麻布署に泊まったことがある。それで謹慎処分になって（笑）。

**小橋**　そのとき、もうデビューしていたんでしょ？

**鈴木**　いや、まだしてない。それで会社からは「クビだ」って言われて。入門して半年経った頃だったんで、じつはデビューの日も決まってたんだけど、その事件を起こしちゃったんで、そういう話が全部なくなってしまった。前田（日明）さんが長州（力）さんの顔面を蹴った日があったでしょ？　本当はあの日の第1試合でデビューするはずだったんだよ。そこでちゃんとデビューしていれば俺は小橋の先輩になってたんだけどね。87年デビューになるから（笑）。

――あのとき、船木さんが「鈴木がクビなら、同じことをした俺もクビにしてください」って機転を利かせて、鈴木さんはクビをまぬかれたんですよね。

**鈴木**　そうそう。船木はすでにスター候補みたいな感じだったから。「ああいうふうに言っても、俺がクビになるわけないじゃん」って言ってたから（笑）。

――確信犯だったという（笑）。それでクビはまぬかれたけど謹慎処分になったので、デビューまで1年3カ月もかかったと。

**鈴木**　そういうこと（笑）。

**小橋**　でも、そのままだったら87年デビューなんでよかったよ。

**鈴木**　なんでよかったの？

**小橋**　いや、88年デビューだからこうして話もできるわけでね。

**鈴木**　俺を先輩扱いせずに済んでよかったってことか（笑）。

**小橋**　これ以上デカい顔されずに済んだからね（笑）。

――おふたりは、デビュー当時からお互いのことを知っていたわけですか？

**鈴木**　俺、デビューする前から知ってたよ。なんか雑誌に「全日本プロレスに若手が入門して、いま練習生が何人いて」っていう情報が載ってるページがあって、「コイツら、俺と同期なんだ」って思ったのを憶えてる。

**小橋**　俺、そんなコーナーがあったの知らなかったよ。

――モノクロページの情報コーナーのトピックスですよね。

**鈴木**　そうそう。

**小橋**　俺ももちろん、新日本にこういう若手選手がいるっていうのは知っていたし。あと〝鈴木実〟っていうのは、新日本の礼儀正しい若手っていうイメージがあった。

**鈴木**　俺の礼儀正しさをわかってくれてたんだ。あんま言われたことないけど（笑）。

**小橋**　プロレス大賞の授賞式で初めて会って、そのとき船木選手も一緒にいて。それで俺を入れて「3人で写真を撮ってもらえないですか？」って雑誌の記者に言われて、撮ることになったんですよ。で、俺と船木選手が端で、鈴木選手が真ん中だったんだけど、そうしたら「真ん中で写真に写ると早死にするから」って言って、どいたんですよ。

**鈴木**　ああ、なんか言ったかもしれない。

**小橋**　それで船木選手を真ん中にして。そのときに「早死にするなんて、なんちゅうことを言うんだ？」と思ったんだけど、船木選手って先輩になるわけですよ。だから鈴木選手は自分が真ん中にきたときに「あっ、俺じゃない……」っていうことを察して、どいたんだろうなと。まわりの人に気を配れる人なんだなっていうのを凄く感じたね。

**鈴木**　いやー、ちょっとそれは正しくない勘違いだね（笑）。そのときは先輩を真ん中にしなきゃっていうのはあったんだけど、本音を言えば自分が真ん中で写りたかった。

**小橋**　あっ、ホント？

**鈴木**　うん。

**小橋**　またあ（笑）。

**鈴木**　だけど、その3人で自分がいちばん出遅れてるっていうのもわかってたから。当時、船木がずいぶん前を歩いていて、小橋も前を歩いているっていうのがあったんで。

――おそらく、小橋さんが新人賞を獲ったときのプロレス大賞ですよね。89年度かな？

**鈴木**　そうかもね。俺が入ったばかりの頃の新人賞はジョン・テンタだったから（笑）。

**小橋**　あのとき、プロレス大賞の会場にはもう来てたでしょ？

**鈴木**　うん、来てた。新日本と全日本しかなかったんで、真っ二つに分かれてたよね。

**小橋**　そう。で、スタッフ同士も口をきかないし、もうピリピリしてて。

**鈴木**　それでベテランの何人かだけが、両方を行き来して声をかけてたんだよね。新日本から全日本に行った永源（遙）さんとか。

――永源さんは治外法権（笑）。

**鈴木**　あとは（ドン）荒川さんとかね。それで徐々に酒を酌み交わし始めて、藤原（喜明）さんと天龍（源一郎）さんで飲みの勝負が始まってっていう。それを見ていて「うわー、めんどくせえな……」って（笑）。

「ボクは全然エリートじゃないから扱いもひどかった。そこで『努力してなんとか認められたい』っていう気持ちだった」（小橋）

**小橋**　そういうなかで、写真を撮られる位置まで気遣いできる鈴木選手の行動っていうのは記憶に残ってるんだよ。

**鈴木**　いや、自分が力不足だってわかってるから譲っただけだよ。

**小橋**　でも、そのあとの行動を見ていてわかるよ。

**鈴木**　いや、褒めなくていいよ（笑）。

**小橋**　鈴木選手は、試合をするときとか、挑発するときとか、ホントに憎たらしいんだけど、なんか終わったあとに熱いものがあるっていうか、「あっ、これが鈴木みのるっていう選手なんだな」って。鈴木みのると誰がやってもそういうものができあがるので、その原点が30年ぐらい前のプロレス大賞での行動だと俺は思ったのに、本人は頑なに否定するからね（笑）。

――そうやってスカすのも鈴木さんっていう（笑）。

**鈴木**　でもね、ホントに若手時代から俺は悔しい思いをし続けてきたんだよ。すぐ上の先輩である船木は常に注目を浴びていてね。先輩だけど同い年で凄く仲もよかったから、それだけに悔しいなって。俺はいつも船木のうしろをくっついているだけで「おまえは何もできない」って言われてきたから。そうこうしているうちに、全日本では小橋健太っていう名前がどんどん出てきて、そこでも「チクショー！」と思って。もう俺の人生なんて「チクショー！」しかないからね。世代で言うと、闘魂三銃士とキャリアはそんなに変わらないんだよ。俺と武藤（敬司）さんで3年しか違わないんで。

**小橋**　そうだっけ？　いや、5年くらい違うでしょ。

**鈴木**　違う、違う。3年しか違わない。

――武藤さんは84年入門で半年経たずにデビューなので、入門から数えるとちょうど3年違いですよね。鈴木さんはやらかしによる謹慎期間があるので、〝1年留年〟みたいな感じでデビューが遅れましたけど（笑）。

**鈴木**　ブリ返さなくていいよ！（笑）。俺は合宿所に入ったとき、上の先輩が蝶野（正洋）、橋本（真也）なんで。それで若手で第1試合をやっているときは、いつも佐々木健介に勝てなくて。それでUWFに移籍してからはいつも船木がいて。17年前にプロレスに戻ってきたら、四天王と呼ばれた人たちや、三銃士と呼ばれた人たちがいてね。いまはオカダ・カズチカや内藤哲也という10歳以上も歳が離れてるヤツらがトップに立っていて、俺はいつもイチバンになれない。だから俺がまだ現役でいられる原動力は「イチバンになったことがない」っていうのがちょっとあるかも。

**小橋**　いまの言葉を聞いてもそうだけど、キツいことを言いながら、どこかあったかさを感じる。

**鈴木**　あら、また褒めてくれるんだ（笑）。

**小橋**　だけど、それがまた腹立つっていうね（笑）。

**鈴木**　なんで腹立つんだよ。腹立つところじゃないじゃん、それ（笑）。

**小橋**　なんかあるんだよ。少しのあったかさを感じても、刺々しさが上回るっていうね。

――でも、小橋さんも若手時代からずっと活躍し続けているように見えながら、若い頃は相当ハングリー精神がありましたよね？

**小橋**　ボクは全然エリートじゃないし、もともと全日本にずっと入れてもらえなかったからね。履歴書を送っても相手にされなくて。それでなんとか入門したあと、馬場さんの付き人をやっても、馬場さんはなかなか認めてくれないし。昔の全日本はどっちかというとエリートの人たちが集まるところだったので。

——昭和の全日本はそうでしたよね。大相撲からの転向組とか、元オリンピック選手とかがメインを張るという。新弟子から入った選手はずっと前座みたいな。

**小橋**　だから自分の扱いもひどかったし、そういうのもあったから「努力してなんとか認められたい」っていう気持ちだったんで。

——ただ、小橋さんも鈴木さんも、当時の若手としては異例なほど早くからいいカードに抜擢されてましたよね。89年3月に、小橋さんは馬場さんと組んでアジアタッグに初挑戦して、同じ月に鈴木さんは猪木さんと一騎打ちをしているという。

**小橋**　あー、猪木さんとやってたね。それは凄い。

——デビュー9カ月で猪木さんとやるなんて前代未聞でしたからね。

**鈴木**　いや、それは美談にしすぎなんだよ。俺は会社に文句を言ったんだもん。

**小橋**　えっ、なんで？

**鈴木**　当時、猪木さんが長州さんに初めてフォール負けして、「イチからやり直す」ってことで、次のシリーズはずっと第1試合に出てたんだよ。そのとき、猪木さんは第1試合なのにガウンを着て、入場テーマ曲付きで出てきてさ、相手は外国人なの。

——昔は新日も全日も、前半の試合はテーマ曲ナシだったんですよね。

**鈴木**　俺はそれまで毎日第1試合だったのに、猪木さんがきたことで第2試合に繰り上がったんだよ。それまで「第1試合は大事だから、任せる」って言われてたので誇りを持って闘ってたのに、そこをあっさりどかされてね。それでリングアナウンサーだった田中ケロさんに言ったの。「俺たちは1以下ですか？　俺は正直『おまえらなんかいらない』って言われてるふうにしか思えないです」って言ったら、「なんだおまえ、社長がやることに文句あるのか？」って言うんで、「あります！　第1試合は大事だから任せるって言ったのに、どかすってどういうことですか！」って文句を言ったことがあって。そうしたら会社の会議にかかって、猪木さんが「おもしろい。やろう！」って。だから言ってみるもんだよね。

**小橋**　そこで「おもしろい。やろう！」って言える猪木さんが凄いね。

**「いろんな格闘技を吸収したことが**
**いまのプロレスにも活きているし、**
**俺の長い武者修行期間だったんだと思う」（鈴木）**

**鈴木**　だから俺は、猪木さんと対戦しようっていう狙いがあって言ったわけじゃないんだよね。まあ、あれが全日本で、相手が馬場さんだったら俺はクビだな（笑）。

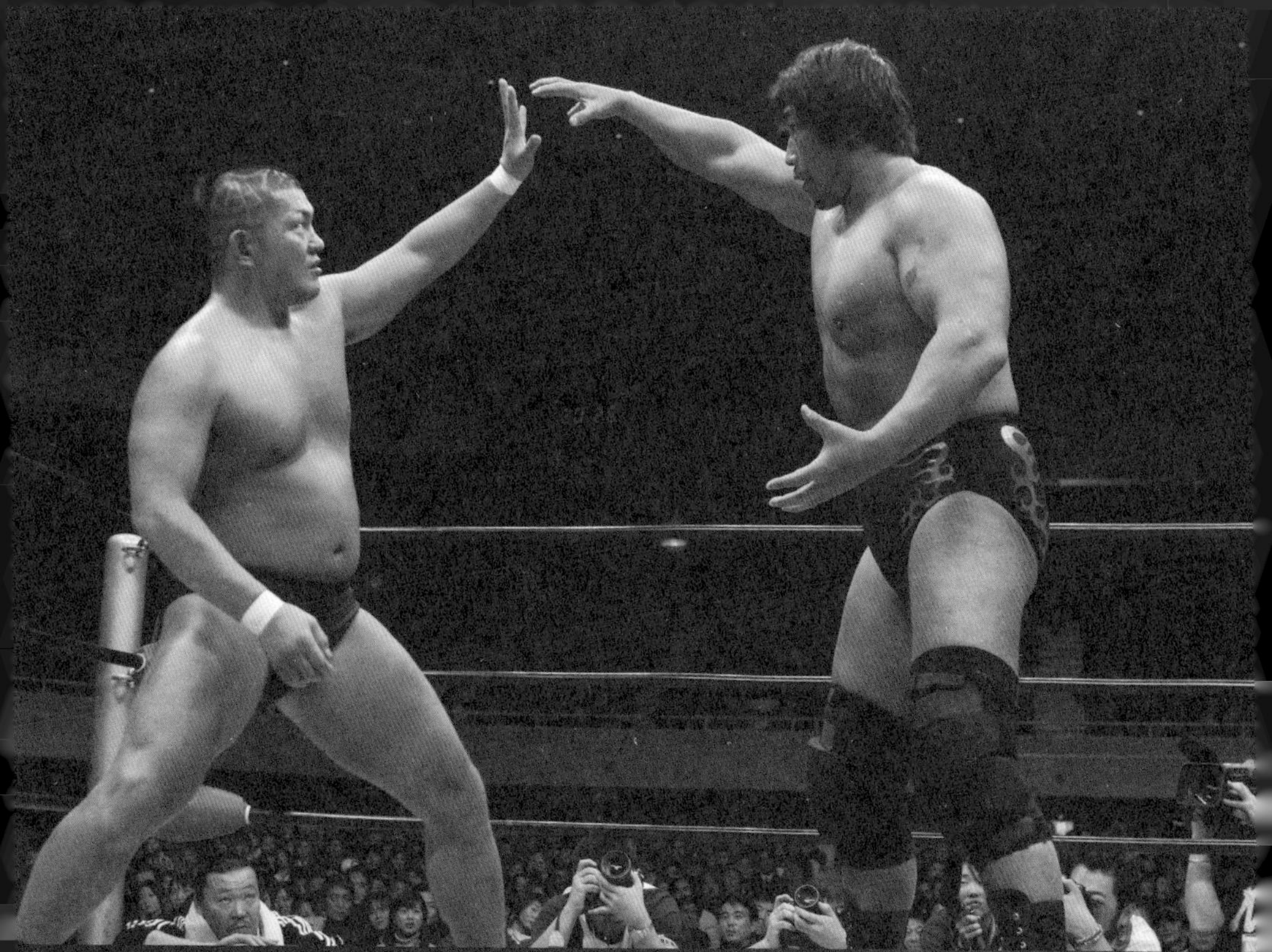

**小橋**　ボクは現役時代、猪木さんとお会いする機会はあまりなかったんだけど、最近は話す機会が何度かあって。お会いするたびに、いままで猪木さんを誤解じゃないけど「こんなに心の大きな人なんだ」と感じることが多いですよ。

――全日本から見るイメージとは全然違ったというか。

**小橋**　そうですね。まあ、若い頃の猪木さんがどうだったかはわからないですけど。人は誰でも歳を重ねると丸くなるので。丸くならないのは鈴木みのるくらいだから（笑）。

**鈴木**　丸くなんかなってたまるかよ！（笑）。逆に俺は馬場さんにお会いしたことが一度もないの。直接挨拶したこともない。だから下手したら、俺のことなんて知らないんじゃないかな。

**小橋**　会ったこともなかったんだ。

**鈴木**　まったくない。

**小橋**　猪木さんとは会ったら挨拶くらいで、いろいろ話したりするようになったのは引退してからですね。

**鈴木**　猪木さんは、全日本、ノアが嫌いだったと思うからね。

**小橋**　嫌いだった？

**鈴木**　と思う。俺もそんなに詳しくないけど、昔は「全日本なんかに負けるな！」ってよく言っていたみたいだし。俺もまわりの先輩とかに言われたことがあるしね。

**小橋**　それはやっぱり全日本にもあった。「新日本に負けるな！」っていうのは。

**鈴木**　どっちもどっちなんだよね（笑）。

――昔の全日本は格を重視する世界でしたから、デビュー1年の小橋さんが馬場さんと組んでアジアタッグに挑戦というのも、当時はありえないカードでしたよね。

**小橋**　あれはボクが「アメリカに行きたい」って言い続けた結果、組まれたカードなんですよ。

**鈴木**　どういうこと？

**小橋**　ボクはずっと「アメリカに修行に行かせてください」って言ってて。でも馬場さんは「もうアメリカからは学ぶものはない。日本で俺が育てる」って言って行かせてもらえなかった。それでも何度もお願いして、一度、ドリー（・ファンクJr.）のところに行くっていう話もあったんだけど、それもなくなって。その代わりみたいな感じで、あのカードが組まれたんです。

**鈴木**　へえ～。まったく方針が違うから凄くおもしろいよね。俺は同じくらいのキャリアのときに「アメリカに行きたい」という発想はまったくなくて。「とにかくチャンスをください！　くれたら、どんな相手でもぶっ飛ばします！」って言って回って、いつもギラギラした目つきをしてたね。だから「目つきが悪いな、おまえ！」って先輩から殴られても、「うっせえな、この野郎！」って思いながら片づけをして。

**小橋**　あの頃はまだ、海外に修行に行くのがひとつのステータスだったんだけど、全然行ってないの？

**鈴木**　いわゆる海外武者修行みたいなのはいっさい行ってないね。その代わり、UWFに移ったり、パンクラスを作ったりして、格闘技修行してたんだよね。ほかの国のプロレスを学ぶんじゃなくて、いろんな格闘技を吸収したことがいまのプロレスにも活きているから。UWF、藤原組、パンクラスっていうのが俺の長い武者修行期間だったんだと思う。

**小橋**　うまいんだよね～、こういう言い回しが。

**鈴木**　で、そんなうまい言い回しが、このたび本になりまして（笑）。

**小橋**　えっ、そうなの？

**鈴木**　（本を取り出して）毎月『KAMINOGE』で、ここにいるガンツと対談しているやつをまとめた『鈴木みのる ギラギラ幸福論』という本が「白の章」「黒の章」と2冊出たので、これをプレゼントします（笑）。

**小橋**　あっ、ありがとうございます（笑）。

**鈴木**　まあ、こんなときだから家にいることも多いだろうし、暇つぶしに便所でクソでもしながら読んでくれればね（笑）。

――鈴木さんをはじめ、新日系の選手って昔から自分がやっていることや考えていることを、どんどん言語化して発信するタイプが多いですよね。それに対して全日本は、よけいなことはしゃべらずに試合で魅せるみたいな。

**小橋**　そういう方針でしたよね。

**鈴木**　思想もスタイルも違ったよね。その象徴的なシーンが、俺が日本武道館で小橋が持っているGHCヘビー級王座に挑戦したとき（2005年1月8日）。カーンとゴングが鳴った瞬間に小橋がリングの真ん中に立って、両手を広げて構えたんだよね。それに対して俺は「どっから入ろう……」と思ってグルグルまわりを回って。これがいまで言うところの全日本っぽいのと、新日本っぽいスタイルの違いを象徴するシーンだったのかなって。こっちは隙があれば行ってやろうっていう。小橋は憶えてる？

**小橋**　もちろん。あれは意識してやったので。鈴木選手は動きが速いんでどこから入ってくるのかわからないから、真ん中で待ち構えるっていうのは考えてた。

「自分が目指したこの道だけをやるというのは逆に自由だったんですよ。そこに迷いはなかったから」（小橋）

――それは馬場さんから脈々と受け継がれるチャンピオンの闘い方みたいなものですかね？

**小橋**　うん、そうですね。

**鈴木**　新日本系は「隙あらば殴れ」だから（笑）。

――もし馬場vs猪木が実現していたとしたら、同じように馬場さんが中央で構えて、猪木さんがぐるぐる回ったような気がするんですよ。

**鈴木**　たしかにそうなったかもしれないね。

**小橋**　2005年に武道館でやったときは、〝馬場vs猪木〟っていうのもボクは意識しましたよ。なんでかと言うと、鈴木選手は〝アントニオ猪木〟っていうのを感じられるレスラーなんですよ。だからボクも馬場さんの昔の構えを出したんです。「この選手とだったら出す意味があるな」と思って。

――なるほど。

**小橋**　あの構えのことは昔から知っていて、リングの中心で相手がどこから来てもいいように待ち構えて、相手を回らせるという。そして鈴木選手は隙を狙っていただろうから、ちょうどお互いに思ってることが合致したんでしょうね。

――そういえば、あの試合のテレビ解説を髙山（善廣）さんがやっていて、「あの構えは、俺が昔持ってた馬場さんのブロマイドと同じだよ。それをいま小橋がやってるんだ」って言ってましたね（笑）。

**鈴木**　アイツはプロレス少年だからね（笑）。じつは小橋vs鈴木の実現をいちばん望んでたのも髙山なんだよ。

**小橋**　そうなの？

**鈴木**　俺が新日本で髙山とタッグを組んでるとき、「鈴木さん、ノアに一緒に行かない？　俺、三沢さんに話をするからノアに行こうよ」って言うから「えっ、ノア？　俺が行ってどうすんの？」って言ったら、「絶対に試合として成立しなさそうだからいいんだよ。鈴木みのるvs三沢光晴とか、鈴木みのるvs小橋建太、鈴木みのるvs田上明とか、観たいな～」とか言ってさ。

――どうなるかわからないからこそ、おもしろいと。

**鈴木**　それで髙山が三沢さんからオッケーもらって、俺はアイツのノリでノアに連れて行かれたんだよ（笑）。

**小橋**　GHCの防衛戦をやる前、2004年にグラジエーターとの防衛戦をしたあとに鈴木選手がリングに入ってきたんだよね。

**鈴木**　あっ、憶えてる。横浜文体でしょ。

**小橋**　マイクで対戦をアピールしてきたんだけど、言うことがもう憎たらしくてね（笑）。

**鈴木**　あの日、忘れられないことがひとつあるんだよ。試合が終わって控室に戻ろうとしたら、ひとりの女性客が俺の前に来て「てめえなんかが来ていいところじゃねえんだよ！　帰れ！」って言うから、「うるせー！」って言い返したら、その女にツバをペッとかけられたの。あれは忘れられないね（笑）。

**小橋**　えーっ⁉　そんなことを……。

**鈴木**　ペッて顔にツバかけられたのを、俺は手で拭いて目の前でなめて睨みつけてやったら「キャー！」って逃げて行ったんだけど。それだけノアのファンは、小橋建太や三沢さんたちが作ってきたリングが大好きで、熱狂的に応援してる人たちなんだなと感じてね。だからこそ、それをひっくり返してやろうと思ったね。

――鈴木さんは、その世界を汚す外敵って感じだったんでしょうね。

**鈴木**　その世界を汚すも何もさ、リング上で殴り合ってるんだから一緒だろって話だよ。わりと俺は自由にいろいろやってきた気がする。

逆に小橋とか当時の全日系の選手たちのほうは、決められたものを1個ずつやって上にあがっていった感じがするけどね。

――たしかに小橋さんはひとつのものを究めていく感じですもんね。

**小橋** ボクにとってはそれが逆に自由だったんですよ。自分が目指したこの道だけをやることができたので。そこに迷いはなかった。

――おふたりとも「自分のやりたいことをやった」という意味では一緒だったわけですね。

**鈴木** 俺は新日本でデビューして1年も経たずにUWFに移籍して、そのUWFも2年経たずに解散したんで藤原組に行って。短いスパンでいろんな団体に行って、自分が本当にやりたいことを求めてさまよっていた感じだけど、全日本にいた小橋建太は、常にひとつの道で着実にあがっていってたんだよね。新人賞もそうだし、タイトルもそうだし、変な話、正しい世界で上にあがっていくわけじゃん。それを見て俺は悔しい思いをずっとしていて。やっていることは違っても、同じ年にデビューした人間として凄く意識していたし、それはパンクラスになってからも変わらなかったね。

**小橋** そう言ってくれるとなんかうれしいよね。

**鈴木** いや、いつかはぶっ飛ばしてやろうって思ってるんだよ（笑）。

**小橋** だってさ、格闘技方面に行ってたら、普通なら「小橋建太？なに？」っていう感じじゃん。

**鈴木** いや、「小橋建太？　俺のほうが強えに決まってじゃん。あんなヤツは秒殺だよ。ボコボコにしてやるよ！」って毎日人に言ってて、毎日思ってたけど、いつも俺よりも上にいるっていう。だから悔しかったなあ。

「自分より評価されているヤツがいると悔しかった。三沢や小橋、相撲の若貴や曙とかに対しても」（鈴木）

**小橋** だけど、そうやって常に意識してくれていたんだと思うと、一生懸命やってきてよかったなって。

**鈴木** 何年も狙われてたんだよ（笑）。

**小橋** いや、鈴木みのるにそう思われるっていうのは凄いことだよ。だって口は悪いし、言葉にトゲがあるからね。その人間が自分をそういうふうに意識してたっていうのは素直にうれしい。

**鈴木** 自分より評価されているヤツがいると悔しいし、嫌だったんだよ（笑）。当時、小橋建太を筆頭に全日本の四天王プロレスっていうのは世の中にも認知されていて、「凄いプロレスだ」ってもっとも評価されていたからね。極論を言えば、相撲だって敵視してたもん（笑）。

**小橋** 相撲？

**鈴木** 当時、若貴ブームだったじゃん。だから若乃花、貴乃花とか、あとは「曙と俺がやったらどうやって倒そうか……？」とかよく考えてたんだよ。それから10年以上経って、曙と一緒にプロレスやるようになって、仲良くもなったんで一緒に飲んでるときに言ったことがあるんだよ。「昔、曙をどう倒すかずっと考えてた。まずローキックかな、とか」って言ったら、曙が「よかったあ、あのときに会わなくて」って（笑）。それぐらい、三沢、小橋とか、相撲の若貴、曙とか、当時人気があった人たちより上に行きたいっていう気持ちが強かったね。

**小橋**　ホントに話がおもしろいね（笑）。

**鈴木**　そういう思いがなければ、1日に8時間とか練習できない。当時は起きている時間はずっと練習してたから。ホントにやってた。

**小橋**　それはパンクラスの頃？

**鈴木**　その前の藤原組からずっとだね。最終的には藤原さんと喧嘩別れして出て行っちゃうんだけど（笑）。

**小橋**　喧嘩別れなんだ（笑）。

**鈴木**　どんどん格闘技志向が強くなって、現実路線の藤原さんと考えに溝ができちゃってね。「出て行け！」って言うから「言われなくたって辞めますよ！」って大喧嘩をして（笑）。

――でも、すべては自分がやりたいことをやるためですよね。

**鈴木**　わがままだよね。

**小橋**　でも自分を曲げないっていうのは、この世界ではいちばん大事なことだから。自分がやりたいことを求め続けているという意味では、いろんな団体を渡り歩いていても、筋は一本通ってると思う。

――だから、おふたりとも自分がやりたいことを突き詰めてるんですよね。

**小橋**　ボク自身、いろんなことがありましたけど、自分がやりたいプロレスっていうのは変わらなかったんで。

――SWSができたとき、揺れたりしたことはなかったですか？

**鈴木**　はい、またぶっこんできた（笑）。

**小橋**　いや、まったくなかったね。あれは何年でしたっけ？

――1990年ですね。

**小橋**　じゃあ、まだ馬場さんの付き人をやってるかやってないかっていうときだったんで、SWSっていうのはまったく頭になかったですね。

――でも天龍さんを始め、選手の大量離脱があって、キャリア2年でありながら全日本を守らなきゃいけない立場になったのは、小橋さんのその後のプロレス人生にとっても大きかったんじゃないですか？

**小橋**　大きかったですね。やっぱり「全日本を守らなきゃいけない」っていう責任感が出てきて。あのとき、天龍さんの付き人を後輩の折原（昌夫）がやっていて、折原が天龍さんを追ってSWSに行こうとしたとき、「なんで行くんだ！　行くなよ！」とかいろいろ言ったとか言わないとかで。それがあとで天龍さんの耳に入ったみたいで「小橋を殴る！」って、バットを持って全日本の道場まで来たっていう。

**鈴木**　あのオヤジもすげえな（笑）。

**小橋**　そのときはちょうどボクはいなくて、入門したばかりの浅子

覚が対応したらしいんだけど。天龍さんに「小橋はどこにいる?」って聞かれて、浅子が「いまはいません」って答えたら、天龍さんが「そうか……」って浅子に小遣いを渡して帰って行ったっていう（笑）。

——それは折原さんを通じて、小橋さんが言っていたことが天龍さんに耳に入って怒ったということですか?

**小橋** いや、俺はべつに言った憶えはないんだけどね。それで天龍さんは2回来たのかな。で、2回目も俺がいなくて。

——天龍さんも相当頭にきてたんですかね（笑）。

**鈴木** でも、それは小橋建太が持っている運というか。もし俺だったら1回目で天龍さんとハチ合わせになって、そのまま殴られた気がする（笑）。

——警察沙汰になっていたかもしれないですね（笑）。

**鈴木** 「痛ってえな、クソジジイ!」って殴り返したりして、収拾がつかなくなっていたかもしれないね（笑）。だからホント同じ頃にプロレスを始めたのに、俺と小橋じゃこうも違うのかって思うよね。

「阪神淡路大震災の2日後、自分ができることはプロレスを一生懸命することでした」（小橋）

**小橋** おもしろいよね。それでいまもプロレスのリングで輝いているからさ、そこはうらやましい。こないだの獣神サンダー・ライガー選手との試合も観たけど、「これが鈴木みのるだな」って思ったよ。

**鈴木** えっ!? どこでだよ（笑）。

**小橋** 最後のシーンじゃなくて、引退する選手を容赦なくボッコボコやってて。

**鈴木** あれに関しては俺が全力でやって残りカスがないようにしてやらなきゃ、俺がやる意味がないと思ったから。

**小橋** もちろん、そのとおり! たとえば、ボクも引退試合で相手に手を抜かれたら逆に腹が立ちますよ。そこを容赦なくガンガンいったのがやっぱり鈴木みのるらしいなと。それで最後は道場でスパーリングをしたあとのように正座して礼をしてね。ホントね、悪いヤツなのか、真面目なのかわからなくなってくるよね（笑）。

**鈴木** いや、俺はいいヤツなのか悪いヤツなのかっていうのはどうでもよくて、「自分が思った通りに生きたい」っていうのがいちばんだから。自分が気に入らなければ「うっせーな!」って言うしね。だから、いま新日本に攻め入ってるけど、間違っているのはアイツらで、正しいのは俺だと思ってる。悪いことをしてるんじゃなくて、自分がやりたいようにやってるだけだから。

**小橋** 俺だって意外とそうだよ。プロレスだけじゃなく、このジムを作ったのも自分自身が気に入ってやってることだから。ここは24時間オープンで、低料金で好きなときにやれると。それでいいマシンを入れていて、自分で実際にやってみて凄くやりやすかったんで、こういうジムを開けたらいいなって。

**鈴木** 完全に自分のためでもあるよね。24時間練習できるようにっていう（笑）。

**小橋**　最近、全人口で60歳以上が3人にひとりの割合でいると言われる世の中で、好きなときに低料金でやれるトレーニング場を作ることができたら、それもひとつの社会貢献になるかなと思ってやってみようと思ったんだよ。

**鈴木**　社会貢献……俺の中にはない言葉だな（笑）。

**小橋**　いや、いろいろやってるじゃない。

――広い意味でプロレスもそうじゃないですか？

**鈴木**　俺はプロレスを大衆娯楽だと思ってる。学校から帰ってきて「今日のプロレス楽しみなんだ！」っていう小学生がいて、仕事が終わったお父さんも「今日は鈴木と○○の試合がある！」って楽しみにしてる。もともとそういう世界にあこがれてたから、その世界にいる自分に胸を張りたいと思っている。いま、「不要不急」なんて言葉があるけど、プロレスはどうしてもそこに入れられてしまうじゃん。

――生きていくためにかならずしも必要なものではない、ということで。

**鈴木**　だけど俺自身は、プロレスと出会ったことで人生が豊かになったので、それを見せたいなっていう気持ちはあるね。

――それだけに、いま新型コロナウイルスの影響で大会が開けない、試合ができないっていうことに対しては、忸怩たる思いがあるんじゃないですか？

**鈴木**　それでこの対談をねじ込んできたんでしょ？（笑）。

――いや、こんな時期だからこそ、おふたりを通じて、プロレスファンにポジティブなメッセージを誌面から発信できたらと思ったんですよ。

**小橋**　ボクもそういう理由でこの対談をやりたいっていう話を聞いたんで、この「外出するな」って言われているなかでもやろうと思ったんですよ（笑）。この対談で、少しでもファンのみんなが元気になるのなら出る意味があるなと思ってね。

――いまとは状況が異なりますけど、1995年の阪神淡路大震災の直後、小橋さんは大阪で川田利明選手と60分フルタイムをやって、試合でファンに勇気を与えたことがありましたよね。

**小橋**　あれはね、ウチの祖母が兵庫県に住んでいて、あの当日も電話したんだけど繋がらなかったんですよ。「これはヤバいな」と思って。京都の母親とは電話が繋がったんですけど、兵庫県はまるっきりダメで。自分自身どうしたらいいのかなと思って。でも、さっき鈴木選手が言ったように、プロレスは生きるのにかならずしも必要なものじゃないけど、それを楽しみにしてくれている人たちがいる。実際、震災からわずか2日後で、あんな状態だったのに、会場に行ったらたくさんの人たちが来てくれていたんですよ。もちろん席が空いてたりもしたけど。

――来たくても来られない人もいたでしょうね。

**小橋**　チケットは買っていたけど来れないとか、亡くなってしまった方もいたと思います。でも、それでもプロレスを観るために集まってくれた人たちがいるんですよ。そこで自分は全力ファイトをして「みんなに元気を出してほしい」っていう思いでやっていたのを憶えてますね。あのとき、自分ができることはプロレスを一生懸命することなので。そういう思いしかなかったですね。

――こういうときって大会を開くことの是非論がかならずあるじゃないですか。「こんなときにやるな！」っていう声もあったりはしますけど、あのときは「やってよかった」という声が結果的に多かったですよね。

**小橋**　ボク自身、「やってよかった」と思いました。落ち込んでいたファンのみんなが少しでも元気になってくれたんだったら。

## 「プロレスが盛り上がってきた。この流れを止めちゃいけないなっていう思いもある」（鈴木）

――鈴木さんは2011年の東日本大震災のときは、ちょうど東北巡業中だったんですよね？

**鈴木**　現地にいたんだよ。当日、宮城県の石巻で全日本の大会があって、体育館に向かって仙台市内をクルマで走ってるときに地震が起きたんだよね。

――まさに現地ですね。

**鈴木**　いやー、凄かった。震度7っていうのを経験して、崩れた家の瓦礫をどかしてる家族とか、泣きながらポツンと立っている女の子の姿なんかを見てきたんで。もちろんその日の興行は中止になって、どうにかして東京に帰ろうってなったとき、ひとりの若者が俺に話しかけてきて、「本当は今日プロレスを観に行く予定だったんです。でも行けなくなっちゃいました。無事、東京に帰ってください。この街はボクらがなんとかしますから。そうしたらまたボクたちにプロレスを見せに帰ってきてください」って言われて、俺は生かされている意味があると思ってね。

**小橋**　それは「かならずここにプロレスを見せに戻ってこよう」と思うね。

**鈴木**　他人事とは思えないというか、被災した人たち全員は助けられないけど、プロレスが好きな人のうちの何割かは助けられるなと。だったら、その人たちのためだけでいいからやろうと思って。まあ、俺がやると凄く批判されるんだけどね。「そんなのいまやってどうするんだ！」とか「そんなやり方は間違ってる！」っていまも言われるけど、これでやめたら助かるかもしれないひとり、ふたりの命が助からなくなっちゃうんで俺はやろうと思って。批判は慣れっこだから。俺は批判のなかで生きてるからね（笑）。

**小橋**　たしかに阪神淡路大震災のときも、プロレスが大好きな人以外は「なんで試合をやるんだ！」っていうのはあったと思うんだよね。

**鈴木**　プロレスが好きじゃない人にしてみたら関係ないもんね。

――だからこそ「こんなときに商売しやがって！」って言い出す人もいたりして。

**小橋**　ただ、いま鈴木選手が言ったように、少ない人であっても「プロレスを観たい」って言ってくれる人たちを元気にすることによって、そのまわりにいる人たちも元気にしていくと思うし。「いい試合を見れた。俺もがんばろう！」って思ってくれた人が、「みんながんばろうぜ！」って元気が広がっていくと思うんですよね。だから鈴木選手はそういういいこともするんだよね……。

**鈴木**　何もそんな、苦いものを食いながらしゃべってるみたいな顔にならなくてもいいだろ（笑）。

**小橋**　言葉のチョイスが凄くうまいから悔しい（笑）。

**鈴木**　いまも世界中に新型コロナウイルスという目に見えないものによって侵されている人がいて、たくさんの人が亡くなって、外も気軽に出歩けなくなっている。こんな日が来るなんて、みんな思ってもみなかったと思うんだよね。いまだからこそ、俺に何か発信できることがあるんじゃないかと考えていたとき、今回ガンツから「小橋さんと明るいメッセージを送るような対談ができませんか？」って言われて、「そうだな。会いたいな」と思ってね。だから今日はぶっ飛ばしにきたわけじゃないから（笑）。

**小橋**　ダメだよ、俺は病院から出てきたばかりなんだから（笑）。

**鈴木**　倒すならいまがチャンスだな～（笑）。

――実際にいま自粛、自粛っていうなかで、みんな気持ちがどんより落ち込んでるじゃないですか。

**鈴木**　イライラしてるだろうね。

――こういうときこそ、エンターテインメントが力になるんじゃないかとも思うんですよね。

**小橋**　だからこの対談を、ガンツさんが「こういう時期だからこそやりたい」って言ってきてくれたとき、リング上ではないけど、これもひとつのプロレスの形として、ファンのみんなによろこんでもらえるんじゃないかなって思ってね。

**鈴木**　プロレスが好きな人って、おじいちゃん、おばあちゃんの世代もいるし、俺らぐらいの40代、50代もいれば、いまや10代とか小学生までが熱狂してる。いろんな波はあったけど、プロレスがまた盛り上がってきたところでもあるんで、この流れを止めちゃいけないなっていう思いもあるね。

## 「今日はこれまでの遺恨を超えたポジティブな対談のはずなのに、思い出したらムカついてきた（笑）」（小橋）

――東日本震災のときは『ALL TOGETHER』という武道館大会があって、プロレス界全体で元気を発信したことがありましたけど、プロレスができる状態になったら、そういったものもまたやってほしいですね。

**小橋**　もう少し経てばね。そういう大会もぜひやってほしい。

**鈴木**　俺たち自身はウイルスをやっつけられないんで、そこは専門家が闘ってくれてるから、その人たちの邪魔にならないようにしなきゃいけないという思いがひとつある。だから、いまはいつ大会が開けるようになっても、すぐに最高のパフォーマンスができるようトレーニングしながら、こういうメディアを通じた活動とかで自分のできることをやろうかなと。

**小橋** でも、みんな外出もできなくて沈んでいるときだからこそ、こういう対談をみんなにも読んでほしいな。好きな人しか見ないものだけど、読んだ人が元気になってくれれば、それはなんらかの形でいい方向に広がっていくと思うので。

——元気が波及していけばいいと。

**小橋** そうですよ。

**鈴木** 広がっていけばそれでいいけど、俺はそこまでは考えてなくて。いまプロレスを求めてる人に、ちゃんと100パーセント渡したいっていう気持ちがある。好きな人に「しか」届かないじゃなくて、好きな人に「さえ」届けば、それでいいんじゃないかなって。だから100パーセント届けるためにも、いまはコンディションを整えながら、追い込んでるよ。この時期にしっかり練習しているヤツとしていないヤツとでは、試合が再開されたときにハッキリと差が出るんで。俺は埋もれたくないからね。

**小橋** でも、気持ちも見た目も昔から変わってないよね。

**鈴木** 日本でも海外でも、俺の年齢を言ったらみんなビックリするよ。レスラー仲間に「じつは小橋と同期なんだよ」って言うと、みんなが「えーっ!?」って言うよ。要は俺は年齢不詳のままなんだよね（笑）。

**小橋** 俺はもう引退して7年になるからね。

——もっと言えば、鈴木さんは田上さんとも同期ですもんね（笑）。

**鈴木** そうだ。田上のデビューはいつだっけ？

——田上さんは、小橋さんよりちょっと早くて88年1月ですよ。

**鈴木** じゃあ、同じ88年デビューの同期だ（笑）。

**小橋** 同期対談をやるなら、俺よりもある意味、鈴木みのるvs田上明っていうのがおもしろかったかもしれないね。予想がつかなくて（笑）。

**鈴木** 会話が成立するかどうかもわかんないよ。何年か前、ノアに攻め込んで悪いことしすぎたから話してくれないかもな（笑）。

——社長を困らせすぎましたからね（笑）。

**小橋** そうか。あのとき田上さんが社長か。

——社長をボロクソに言ってましたからね（笑）。まあ、あの頃はGHCタイトルマッチの立会人になった小橋さんもずいぶんやられましたけどね。

**小橋** ひどかったよな〜。

**鈴木** 思い出した。試合前、ベルトを立会人の小橋に渡すとき、手渡ししないで、わざわざベルトをマットの上に置いて「拾え！」って言ったんだ（笑）。

**小橋** そうそう！　あれは頭にきたね（笑）。ベルトを受け取りに行ったらベルトを放り投げてさ。

**鈴木**　あのときの対戦相手が丸藤（正道）で、俺が勝ったんだけど。試合後、小橋がベルトを渡しに来たときに凄い嫌そうな顔をしてたから、「よし、見下してやろう」と思って、コーナーの上に座って「ここへよこせ！」って言ったんだよ。そうすると必然的に上の位置にいる俺に渡すことになるから。

――ベルトを〝献上〟する形になるわけですね（笑）。

**鈴木**　その写真をどうしても撮らせたかったんだよ。そうすることで「小橋が俺にベルトを差し出した」事実を画として残したかった。「ほら、俺のほうが上だろ」っていう画をね。

**小橋**　ホント性格悪いよな（笑）。結局、あのときはレフェリーがベルトを拾ったんだっけ？

**鈴木**　たしかそう。「拾え！」「おまえが拾え！」みたいなやりとりが続いて、埒が明かないから（笑）。

**小橋**　そういうこともあったな～。今日はこれまでの遺恨を超えて、ポジティブな対談のはずなのに、思い出したらムカついてきたよ（笑）。

**鈴木**　アハハハハ！　こりゃ、3度目の対談はないかな（笑）。

――貴重な対談、ありがとうございました！（笑）。

小橋建太（こばし・けんた）
1967年3月27日生まれ、
京都府福知山市出身。
元プロレスラー。
高校卒業後、一般就職をしたがプロレスラーになるために退職して全日本プロレスに入門。1988年2月26日、大熊元司戦でデビュー。通称「四天王プロレス」と呼ばれた激しいファイトで一世を風靡し、自らも三冠王者に君臨。2000年6月に全日本を退団してノア旗揚げに参加。GHCヘビー王座を2年間保持するなどして「絶対王者」と呼ばれる。2013年5月11日、現役を引退。現在はFortune KK代表としてイベント開催や、エニタイムフィットネス等々力のオーナーとしても精力的に活動している。

鈴木みのる（すずき・みのる）
1968年6月17日生まれ、
神奈川県横浜市出身。
プロレスラー。
高校時代、レスリングで国体2位の実績を積み1987年3月に新日本プロレスに入門。1988年6月23日、飯塚孝之戦でデビュー。その後、船木誠勝とともにUWFに移籍し、UWF解散後はプロフェッショナルレスリング藤原組を経て1993年にパンクラスを旗揚げ。第2代キング・オブ・パンクラシストに君臨するなど活躍。2003年6月より古巣の新日本に参戦してプロレス復帰、以降ノア、全日本などあらゆる団体で暴れまわり、現在は鈴木軍のボスとして新日本を主戦場としている。

めちゃくちゃおもしろいのに
タメにもなる新連載スタート！

斎藤文彦×プチ鹿島

活字と映像の隙間から考察する

# プロレス社会学のススメ

撮影：タイコウクニヨシ　司会・構成：堀江ガンツ

第1回

## プロレスにおける無観客試合

新型コロナウイルスの感染拡大の影響により、プロレスも観客を集めての大会の延期、中止を余儀なくされている。

オンライン上にて無観客試合の配信をおこなうことが精一杯という状況のなか、アメリカWWEも年間最大のプロレスの祭典『レッスルマニア36』をフロリダ州オーランドのWWEパフォーマンスセンターで開催。その模様は4月5日・6日（日本時間）にWWEネットワークを通じて配信されたが、例年8万人以上を動員する『レッスルマニア』が「観衆0人」というのはやはり歴史的事件だ。

果たしてプロレスにおける無観客とは？

観客のいないプロレスは成立するのか？　その命題を定義しようとしたら、1987年10月4日におこなわれたアントニオ猪木とマサ斎藤による〝巌流島の決闘〟にたどり着いた――。

「プロレスはお客さんに見せるためにやるもの。それを無観客でやるというのはジャンルとしての根本を問われている」（斎藤）

――今回から新連載ということで、フミさん、鹿島さん、よろしくお願いします！

**鹿島**　いや～、以前この3人でニコ生の『にこのげ』という番組をやらせてもらって凄く楽しかったので、それを『KAMINOGE』でできるっていうのはうれしいですよ！

**斎藤**　あの番組は本当に楽しかったですね！　どれくらいやりました？

**鹿島**　2年近くやったんじゃないですかね。『にこのげ』は直近のプロレス話もおもしろかったけど、「NWAってそもそも何？」とかプロレスの根源的な部分を掘り下げていくのが本当におもしろくて。「これは活字として残したい」っていう話をガンツさんともよく話してたんですよ。

**斎藤**　それは大事なこと。しっかり活字で残して、まずプロレスを活字で親しんできた40代以上の層に届けたいし、いまの20代のなかにもプロレスマニアの卵はきっといると思うから、ボクらが20年、30年かけてマニアになっていったように、いまの若い層にも「ここから始めよう」って伝えたいですね。

――プロレスは掘れば掘るほどおもしろいジャンルですからね。

**鹿島**　ボクはフミさんという〝プロレス図書館〟を広くシェアすべきだと常々思っていたんで、この企画は本当にいいと思います。プロレスって、ただ試合を観るだけじゃなく、プロレスを通じて世の中の動きが見えてくる部分があるじゃないですか。

**斎藤**　もう世の中そのものですよ。

**鹿島**　だからレッスルマニアが、今年は無観客でおこなわれたなんていうのは、いまの世の中を象徴していますしね。

**斎藤**　いま世界中が直面している新型コロナウイルスのパンデミック（世界的大流行）という問題は、ひとつハンドリングを間違えば人類滅亡の危機に向かうようなことじゃないですか。大袈裟じゃなくてね。いまボクらは人類がこれまで経験したことがない危機をリアルタイムで経験しているわけですよ。そしてプロレスもその影響をモロに受けている。

**鹿島**　プロレスに限らずエンタメ業界がすべて開催できない状況になっていて、いま各団体がどう立ち向かっていくのか、どうすべきなのかが問われてますよね。

**斎藤**　すでにWWEは、レッスルマニアを挟んで無観客試合が1カ月以上続いているんです。WWEは世界一大きなプロレス団体なので、新型コロナウイルスのパンデミックにもやっぱり最初に反応した。1カ月前の段階でハウスショーのツアーをすべてキャンセルしたんです。

**鹿島**　ある意味ではトランプ大統領なんかよりもよっぽど対応が早かった（笑）。

**斎藤**　なぜかと言えば、レッスルマニアでタンパのスタジアムに8万人の大観衆が密集したら、それこそ〝3密〟ですからね。しかもアメリカ全50州にとどまらず、世界何十カ国からプロレスファンが集まり、そこでウイルスに感染して、また世界中に持って帰る可能性もあるわけだから。

――なるほど。国内のファン中心のアメリカ4大メジャースポーツよりも、レッスルマニアのほうがよっぽど世界的な感染爆発を起こす危険性があったわけですね。

**斎藤**　そしてMLB、NBA、NHLといったメジャースポーツがみんなシーズンを中止・延期したことで、WWEも社会的な役割を果たさざるをえなかった。またWWEは世界で唯一のパブリック・トレーディング・カンパニー、つまり株式を公開してるプロレスの会社なので、不祥事があれば株価がドーンと下がってしまう。だからメジャースポーツと同じくらい公共的な立場にあるんです。

**鹿島**　新間寿さんひとりの判断で開催が決行される興行とは、またちょっと違うわけですね（笑）。

――あれはあれで、我々も大好きですけどね（笑）。

**鹿島**　ボクは自分の得意なものを通じて世の中を見るとわかりやすいと思っていて、今回についてはWWEがどう判断したのか、これからどうするのかを見続けることで、社会も見えてくるんじゃないかと思うんですよ。

**斎藤**　WWEはレッスルマニアもロウもスマックダウンも無観客でやっているわけです。だからこれはプロレス全体の話になりますけど「観客のいないプロレスが、プロレスとして成立するかどうか?」という大きな大きなテーマをボクらにぶつけてきているんです。

**鹿島**　ホントそうですね。野球やバスケといったスポーツが無観客でやるのとは、また意味合いが違いますもんね。

**斎藤**　ほかのスポーツはお客さんがいてもいなくても、基本的にやることは一緒なんですよね。

**鹿島**　勝つことや、記録に集中すればいいわけですよね。

**斎藤**　でもプロレスはお客さんに見せるためにやるもの。それを無観客でやるというのはジャンルとしての根本を問われているわけですよね。

——以前、マサ斎藤さんに巌流島の決闘の話を聞いたとき、「俺たちはお客の歓声を聞き、お客を盛り上げるために闘っている。でも巌流島ではその必要がないなかで、何ができるのかが問われたんだ」って言ってたんですよ。

**斎藤**　それこそがまさに無観客試合の命題なわけですよね。だからいま巌流島がアメリカで話題になってるんですよ。無観客のプロレスを定義するために、1987年の猪木vsマサ斎藤にたどり着いたという。

**鹿島**　そこにたどり着いちゃいましたか!(笑)。

**斎藤**　あの試合って無観客でありながら、テレビや雑誌、新聞といったメディアを通じて、ファンの目に届かせたわけじゃないですか。アメリカのアンテナが敏感な人たちが「あっ、これじゃん!」って気づいたんです。

**「現状を打開するためのヒントが33年前の巌流島にあるはずだと、クリス・ジェリコから連絡があったんですか!」(鹿島)**

**鹿島**　猪木さんとマサ斎藤さんはあらためて凄いですね。33年前にやったことがいまに通じるという。

**斎藤**　じつはおととい、その件についてクリス・ジェリコからボクのところに連絡があったんですよ。

**鹿島**　えーっ!　クリス・ジェリコが猪木vsマサ斎藤について聞いてきたんですか?

**斎藤**　彼はいまWWEに対抗するAEWという新興のメジャー団体にいます。そこでメインイベンターであると同時に「AEWを作っているのは俺」っていうプロデューサー的な感覚が凄くあるんですよ。

**鹿島**　クリエイティブ面も担当している自負があると。

**斎藤**　AEWも毎週テレビ番組を制作しているんですけど、WWE同様にもう5週間、無観客を続けていて「どうするよ、これ?」ってみんなで激論しているわけですよね。「無観客というのはプロレスとして成立しないんじゃないか」っていうのを、やってる本人たちが凄く感じちゃったんです。

そのなかで無観客を成立させた試合として猪木vsマサ斎藤がいま注目されていて、クリス・ジェリコからも「巌流島について詳しく教えてくれ」っていう連絡が来たんです。

**鹿島** 現状を打開するためのヒントが、33年前の巌流島にあるはずだと。いや〜、凄い!

**斎藤** それでボクも記憶だけでしゃべるのではなく、当時の資料をあらためて調べてみたんですよ。巌流島の決闘は1987年10月4日の出来事なんですけど、その年の春、番組改編期で悪名高き『ギブUPまで待てない!! ワールドプロレスリング』が始まったんです。

**鹿島** ありましたね〜。フミさんも構成作家として参加していたというプロレスバラエティ番組(笑)。

**斎藤** そうなんです(笑)。で、その前に3月26日の大阪城ホールで『INOKI闘魂LIVE2』があって、猪木vsマサ斎藤のラウンド1がおこなわれるんです。

**鹿島** 海賊男が乱入して暴動が起きたときですね。

**斎藤** あそこから1年が、猪木さんがフルタイムでシリーズ巡業について、選手とプロデューサーも兼ねた最後の1年なんです。

**鹿島** 猪木フルプロデュースの最後の1年ですか。

**斎藤** そして翌4月27日、場所を両国国技館に移して猪木vsマサのラウンド2がおこなわれて、この試合は途中からノーロープデスマッチになるんです。

——猪木さんが試合途中でロープを外したんですよね。最後はお互いの手首を手錠で繋いだ、ノーロープ手錠マッチになるという。

**斎藤** この〝ノーロープ〟っていうシチュエーションが、巌流島の伏線にもなっているわけですね。

**鹿島** なるほど! もう特殊な試合形式に第2戦からなっていたと。

**斎藤** そして巌流島の前にラウンド3もあって。それが第5回IWGP決勝戦(1987年6月12日・両国国技館)。

**鹿島** あった! 試合後に新旧世代闘争が勃発する、歴史的なあの日ですね。

**斎藤** あの試合で猪木さんはマサさんのバックドロップを、空中で身体をひねって浴びせ倒して、それでフォールを奪うという逆転カウンターを初めて見せたんです。

——いまでは多くの人がやる〝バックドロップ返し〟は、あのときが初公開なんですよね。

**斎藤** しかもあのときのIWGPは、それまでの〝春の本場所〟としてのリーグ戦ではなく、現在のヘビー級王座に変わるときだった。そこで優勝して初代王者になった猪木さんが「誰でも挑戦してこい!」とマイクでアピールするわけですけど、そこでまた大アングルがあって、ナウリーダーとニューリーダーの新旧世代闘争が勃発するわけですよ。

**鹿島** 長州さんが、藤波辰爾さんや前田日明さんに共闘を呼びかけ、それに対して猪木さんとマサさんが結託するわけですよね。

**斎藤** ところが、あれだけ大々的に始まった世代闘争は、7〜9月の3カ月しか続かなかった。これはボクの予想ですけど、いざやってみたら、猪木さんは凄く嫌だったと思うんですよ。

——たしかに前号の変態座談会で猪木さんにインタビューさせてもらったとき、その

話をちょっと振ったら、そんなニュアンスで話していましたね。「テレビ局も含めて、俺を降ろそうとしていた」って。

**鹿島**　旧勢力に仕立て上げられるのが嫌だったんでしょうね。

**斎藤**　あの世代闘争を続けていくと、その先には猪木vs長州や、みんなが願っていた猪木vs前田のシングルマッチが当然あったと思うんですよ。そして世代闘争の結末を考えれば、最後に猪木さんが敗れるという流れが容易に想像がつく。

**鹿島**　どんなスポーツでも起こる、新旧世代交代ですよね。

**斎藤**　でも猪木さんはその流れを嫌い、それを一夜にしてひっくり返しちゃったのが巌流島だったんじゃないかと。

**鹿島**　そうか、そうか。巌流島は特番が組まれてたんですよね。たしか後楽園での長州vs藤波が生中継で、猪木vsマサは1日遅れの録画放送で。猪木さんとしては長州さんたちと直接対決するわけではなく、巌流島と長州vs藤波の試合内容で勝負してやるっていう。

**斎藤**　猪木、マサのふたりでニューリーダー全員をやっつけるみたいな（笑）。

**鹿島**　こっちのほうが数字（視聴率）が獲れるよっていう闘いでもあったんですかね。

——猪木さんは「だったら違いを見せてやるよ！」ってことだったと言ってましたね。

**斎藤**　いまになってみれば、巌流島で無観客でやるってことを持ち出した時点で勝負あったんですよ。

**「巌流島の決闘が実現した理由のひとつは『ギブUPまで待てない!!』のスタッフ、つまりバラエティ班が制作を担当していたからなんです」（斎藤）**

**鹿島**　しかも巌流島でやるっていう企画は、もともと藤波さんが温めていたアイデアだったという話もあって（笑）。

**斎藤**　それを無観客で実行したのは猪木さんですからね。そもそも、猪木vsマサ斎藤をやる前は宮本武蔵と佐々木小次郎の決闘の舞台になったという巌流島が実在するって、あまり知られていなかったんじゃないですか？

——西日本の人はともかく、関東の人間だと『桃太郎』の鬼ヶ島と同様に、「実在するの？」っていう感じだったかもしれないですね。

**斎藤**　ボク自身、へえ、山口県の下関にあるんだ！って思いましたからね。

——ボク、数年前に旅行で巌流島に行ったんですけど、島内に巌流島の歴史が記された碑があって、そこに「1987年、アントニオ猪木vsマサ斎藤、プロレスの試合が行われる」って書かれていて感動したんですよ（笑）。

**鹿島**　めちゃくちゃ好意的じゃないですか！

**斎藤**　それが猪木さんの凄さですね。

**鹿島**　ちゃんと巌流島の歴史に名を残しているっていう。

**斎藤**　で、話を戻すと、猪木さんは巌流島の決闘をやることで、世代闘争というあれだけのビッグアングルをあっさり消したんですよね。猪木vs長州、猪木vs前田になりそうな流れを消した。「冗談じゃねえ！」と。

**鹿島**　巌流島というのは、世代闘争を潰すためのアイデアだったのかもしれませんね。

**斎藤**　そして終わってみれば、1987年3月、4月、6月、10月って猪木vsマサを4回やってるんですよ。マサさんの当たり年ですよね。

――1985年の猪木vsブロディばりに、1987年はビッグマッチが毎回のように猪木vsマサだという（笑）。

**斎藤**　そして巌流島の決闘が実現したもうひとつの理由として、あの巌流島があった特番まで『ギブUPまで待てない!!』のスタッフが番組を制作していたんです。10月のレギュラー放送から、スポーツ部制作の『ワールドプロレスリング』に戻るんですけど、巌流島まではバラエティ班の制作だったんです。

**鹿島**　なるほど！　巌流島でやるっていう突拍子もない企画はバラエティ班だったからこそ実現したと。たしかにスポーツ班だとちょっと違ってくるでしょうからね。

**斎藤**　ただ、バラエティ班制作でも猪木さんのスタンスは変わらなかったんですけどね。猪木さんって、〝敵を騙すにはまず味方から〟という人じゃないですか。だからプロデューサーにもディレクターにも試合については何も教えなかった。それで現場のスタッフも何が起こるかわからないから、当日は緊張してスタンバってたんですよ。

**鹿島**　そうだったんですね！　ちょっと話はズレますけど、ボクは『川口浩探検隊シリーズ』のスタッフの話を聞いて、いま本にまとめてるんですけど。巌流島の翌年、新日本がゴールデンタイムを外れたあとの『88ワールドプロレスリング』は元『水曜スペシャル』のスタッフたちが制作を担当したらしいんですね。そこのプロデューサーが、ゴールデンの生放送から土曜夕方4時の録画放送になったのを逆手にとって、いろんな編集の妙を発揮していったんですよ。オープニングで『川口浩探検隊シリーズ』のナレーションだった田中信夫さんを使って、煽りVを作ったり。

――『川口浩探検隊シリーズ』同様に、『88ワールドプロレスリング』でもこれから起こることをダイジェストで見せていったという（笑）。

**鹿島**　あとは試合後のバックステージの会話や、インタビューなんかも撮ったりして。それが沖縄の「飛龍革命」に繋がるんですけど。その後、8・8横浜の藤波vs猪木がゴールデンタイムで特番が組まれて、生放送だったじゃないですか。でも『川口浩探検隊シリーズ』のスタッフで、生中継っていうのはいままでやったことがないんですよ（笑）。

**斎藤**　探検隊は加工されたものですからね（笑）。

**鹿島**　プロレス中継も、いままでは土曜夕方だからいろいろ加工してバラエティっぽく見せてたのが、生放送だからどうしたらいいのかわからなくて。プロデューサーが猪木さんのところに行って「この試合はどうなるんですか？」って聞いたらしいんですよ（笑）。

**斎藤**　うわ〜、それはいけません（笑）。

**鹿島**　そうしたら当然、何も言わなかったんでしょうね。

**斎藤**　猪木さんは絶対に言わないでしょう。

**鹿島**　『川口浩探検隊シリーズ』のスタッフ

は、藤波vs猪木のあとにサザンオールスターズの『旅姿六人衆』をBGMに、猪木さんが全国を巡業で回るいいVTRを用意していたんですよ。そうしたら予想を超える60分フルタイムだったために、生放送枠は試合の途中で終わってしまったという。

——まさか60分やると思っていないから、30分経過ぐらいで生放送は終わりなんですよね（笑）。

**鹿島**　結局、土曜4時のレギュラー放送枠で、フルタイムの編集版を流して、最後に『旅姿六人衆』のVTRも入れて評判はよかったんですけどね。だから、ああいう映像を最後に入れるというのもスポーツ中継を見せる新しいやり方だと思うんですけど、いまフミさんの話を聞くと、バラエティ班制作だったからこそ、巌流島みたいなことができたっていう。

**斎藤**　そういうことですね。あと、こぼれ話になっちゃうけど、巌流島は無観客だから興行収益ゼロだと思うでしょ？　でも違うんですよ。巌流島のときは武士たちの合戦のように、〝アントニオ猪木〟と〝マサ斎藤〟のノボリがズラーっと並んだんですよ。そこには「ベースボール・マガジン社」とか「東京スポーツ新聞社」とか、あの試合の報道各社の名前が入れられたんですけど、じつはあれは1本10万で各社2本ずつ割り当てられた、いわば有料の広告だったんです。

**鹿島**　なるほど！　あの試合を取材する媒体は、同時にノボリで広告出稿もしなきゃいけなかったと（笑）。

**斎藤**　あの巌流島にノボリを立てて、マスコミ各社を協賛させるという発想が凄かった。坂口征二副社長マジックです。

**鹿島**　いざというときの坂口マジック！（笑）。

**斎藤**　あのときは一般マスコミも含めて50社近くが取材に来ていたから、各社に広告ノボリが2本で20万、それが50社だから1000万円興行ですよ！

**鹿島**　凄い！（笑）。そうやってお金を生むっていうのは、いまも参考になりますよね。いまはいろんなエンターテインメントで、無観客でどう収益を確保するのかっていうのが大きなテーマになっていますから。

**斎藤**　だから猪木vsマサは、いまでいうところのクラウドファンディングみたいなことを先取りしていたんですよ。余談でしたけど。

**「無観客は普段の試合とは求められているものが違う。そこでセンスが問われるし、逆にやれることが増えるかもしれない」（鹿島）**

**鹿島**　いやー、貴重な話ですよ。巌流島は無観客試合をやるだけじゃなく、無観客試合をビジネスにする先駆者でもあったと。

**斎藤**　そうなんです。そして試合に関しても、無観客でありながら、猪木さんの中では〝脳内観客〟はちゃんと存在しているんですね。

**鹿島**　テレビを通じて、何百万人に向けて闘っていて。それがいま、WWEやAEWといった海外でもあらためて注目されていると。

**斎藤**　とくにクリス・ジェリコは頭がいいから、「無観客で何を見せるのか？」ということをしっかりと考えていて。彼自身もマニアだから猪木vsマサ斎藤の巌流島が意味することを知りたかったんです。無観客という物理的状況は、コロナ禍が収束するまでおそらく今後もしばらく続くだろうから。
**鹿島**　今後のためにも、無観客でも視聴者を満足させる方法論を見つけなきゃいけないわけですね。
**斎藤**　ガンツくんなんかは、無観客レッスルマニアの感想をSNSに書いていたけど、どっちらけの印象だったわけでしょ？
――いや、観客がいないだけですべての動きや発言がわざとらしく見えたんですよ。「この人たち、何やってんだろ……？」って思ってしまうくらいで。
**斎藤**　観ている側が我に返ってしまったわけですね。
**鹿島**　観客がいないってそういうことですよね。
**斎藤**　だからWWEの言葉を使えば、WWEスーパースターがリングの中で闘い、WWEユニバースと呼ばれるお客さんが全方位360度からリアクションをすることで、プロレスが成り立っていると。
**鹿島**　観客のリアクションありき、なんですよね。
**斎藤**　やってみたら無観客というシチュエーションで試合ができる人とできない人とが、ハッキリ分かれちゃった感がありました。たとえばダニエル・ブライアンのようなレスラーは普通に試合をしても成立するんですよ。もともとレスリングの攻防を展開して、それをお客さんが集中して見るというタイプの選手だから。
**鹿島**　UWFなんかと同じで、固唾を呑んで見るという。
**斎藤**　一方で、たとえばローマン・レインズは、相手をコーナーに詰めて、連続クローズライン（ラリアット）というのがひとつの見せ場なんですけど、あれはお客さんが1から9までを数えなきゃいけないんです。それで9で一度ワンモーションを入れてから10発目を殴るっていう技なんですけど、それが無観客だとまったく成立しないんですよね。
――日本でいえば、大谷晋二郎の顔面ウォッシュと一緒ですね（笑）。
**斎藤**　それから「いっちゃうぞバカヤロー！」とかね（笑）。
**鹿島**　図らずも第三世代は無観客で苦労するという。天山さんがモンゴリアンチョップをやっても、誰も「シュー、シュー」言わないわけですもんね（笑）。
**斎藤**　だからこれを機に、プロレスの見せ方そのものが変わることを余儀なくされると思います。
――巌流島の猪木vsマサって、猪木さんは普段はあんなにケレン味がある人なのに、アピールゼロなんですよね。
**鹿島**　ああ、たしかに。
――ガッツポーズとか一切せず、〝闘いに没頭しています〟っていうことしかやらないんですよ。
**斎藤**　そこの皮膚感覚が猪木さんは凄いですよね。
**鹿島**　だから無観客と普段の試合では求められているものが違うっていうことをわかった上で、センスが問われるわけですね。
**斎藤**　無観客になると、プロレスが猪木的なものに戻るのかもしれない。そうじゃなかったらレッスルマニアでやったアンダーテイカーvsAJスタイルズの墓場マッチとか、さ

らにぶっ飛んだジョン・シーナvsブレイ・ワイアットの幻覚世界のような作り込まれた映像。あれなんか、すでに行き着くところまで行っちゃってるじゃないですか。

——あれをプロレスと呼んでいいのか、という（笑）。

**斎藤**　だからアメリカでもあれには賛否両論という感じで、日本のファンに感覚的に近い純粋なプロレスファンはもう怒っちゃった。

**鹿島**　まあ、そうでしょうねえ（笑）。

**斎藤**　「もうWWEを観るのはやめた！」みたいなね。でも究極的にはこれからのプロレスは加工された映像に近づいていくんじゃないかっていうのはありますよね。

**鹿島**　観客がいないんだったら、逆にやれることが増えるかもしれませんしね。マッスル坂井的なものが求められるかもしれないし。

**斎藤**　アンダーテイカーの試合は、スティーブン・セガールの映画みたいな感じだったじゃないですか。墓掘り人じゃなく、わざわざアメリカン・バッド・アスのスタイルでハーレーに乗ってきたりしたのは、やっぱり針の穴を通すようなセンスで考えられた演出だったんでしょうね。それで『仮面ライダー』のエンディングのように、もう一度バイクに乗って走り去って行く（笑）。

——バイクで走り去る後ろ姿の映像で終わるんですよね（笑）。

**斎藤**　短編映画として考えれば、あれはあれでよかったと思いますよ。あの埋められたままのAJスタイルズはあのあとどうするのっていう素朴な疑問は残りますけど。

——あれを観たとき、バラエティ番組みたいにスタジオパートがほしいなとは思っちゃいましたね。「おいおい、AJ生き埋めにされちゃったよ！　どうすんだよ！」みたいにコメンテーターがしゃべるという（笑）。

**鹿島**　やっぱり『ギブUPまで待てない!!』ですよ！

——いまこそ『ギブUPまで待てない!!』を復活させるときだと（笑）。

**鹿島**　だから、これからWWEがどうしていくのかっていうのは、番組作りも含めて注目すべきですよね。

## 「潮崎豪と藤田和之の30分の睨み合い、あれは無観客のひとつのプレゼンテーションだったのではないかと思います」（斎藤）

**斎藤**　無観客という物理的状況はしばらく続くと思いますからね。ということは、観客のいないロウやスマックダウンが日常の風景になっていくこともたしかなんですよ。それが半年続くのか、1年続いちゃうのか。3カ月くらいでは、現実の社会的な状況は変わらないですよね。

**鹿島**　収束の糸口も見えていない感じですからね。

**斎藤**　それでも番組は作り続けなきゃいけない。同じ悩みを新日本も抱えていて、土曜深夜の『ワールドプロレスリング』では、LA道場から来たアメリカ人ヤングライオンの特集を流したりしているんですよ。興行がない中での番組作りをしなきゃいけないから。

――いまは総集編続きですよね。「髙橋ヒロムが選ぶ名勝負」とか。

**斎藤**　そうそう。新日本は無観客試合すらやっていないので、いまは過去のアーカイブや、試合以外の映像でなんとか繋いでいる感じ。その一方で、〝無観客の名作〟が日本でもすでに1試合生まれてるんですよ。

**鹿島**　あー、開始から30分間、睨み合いだけをしていたノアの試合ですね。

潮崎豪と藤田和之のシングルマッチです。

**斎藤**　あれは画としてもたないだろうと思ったら、もっちゃったんですよね。

**鹿島**　無観客ならではですよね。

**斎藤**　あの30分の睨み合いは、観客がいて野次とかが飛び交う中だったらできなかった。そして観客がいないから、南側客席とかバルコニーとかエレベーター前とか、後楽園のすべての場所を使って乱闘して、それをカメラが追っていくっていう映像。あの試合は無観客のひとつのプレゼンテーションだったのではないか。そして、あれは藤田が怪物だからできたと思うんですよ。

――総合から来た外敵みたいな感じだし、普段から観客を盛り上げるような試合をしていないからこそ、逆説的に無観客に向いていたという。

**鹿島**　なるほど！　皮肉なことに、観客がいると「何をやってるんだ？」と思われてるレスラーのほうが無観客だと映えるかもしれない（笑）。

**斎藤**　そうかもしれない。無観客で空中殺法をやられても、無音状態のままじゃないですか。

――客受けするものが逆にシラける可能性もあると（笑）。

**鹿島**　こんなことを言ったらあれだけど、下手な感じとか、強いんだけど観客ウケしないレスラーのほうがいまは合ってる可能性がありますよね。

**斎藤**　変な話、藤田選手はホンモノの怖さを感じさせる人ですよね。技じゃなくて殴る蹴るとか、強さだけ妙に説得力がある人。

――じゃあ、全日本も諏訪魔が三冠王者になったのはタイミングがよかったかもしれないですね（笑）。

**鹿島**　たしかに時代の要請かもしれない（笑）。

**斎藤**　あの宮原健斗vs諏訪魔の三冠戦（3

月23日・後楽園ホール）は、現場で観た人は「年間最高試合だ」ってことを言いますよね。ボクはネット配信の全日本プロレスTVで観てたんですけど、そこまでの名勝負には感じられなかった。だから、あの三冠戦はお客さんを入れてやった試合ですけど、やっぱり生で観るのと画面を通して観たプロレスは違うんでしょうね。

**鹿島** それが無観客なら、なおさら顕著になるという。

**斎藤** そう考えると無観客が日常化すれば、プロレスが全然変わりますよ。

**鹿島** 凄い時代になっちゃったなー。

**斎藤** もう無観客、動画配信の時代が始まってるってことですよね。だからこそボクらは猪木vsマサの巌流島を掘り下げないと、行くべき道が見えてこない。問題意識もなく、いままでやっていた通りのプロレスをやっちゃう人もいると思いますけど。

**鹿島** それだと伝わり方として、これまでのプロレスには及ばなくなりますよね。

**斎藤** それに気づいたクリス・ジェリコは、先週からAEWのテレビ中継で自ら解説者になっちゃった。無観客でもなんとかして視聴者におもしろさを伝えるために。

**鹿島** それで猪木vsマサ斎藤の巌流島も研究しているわけですもんね。

**斎藤** それがヒントだって気づくクリス・ジェリコのセンスも凄いし、33年経ってから巌流島が再評価される猪木さんもやっぱり凄いですよ。

**鹿島** 猪木vsアリが総合格闘技の原点で、猪木vsマサが観客がいないエンタメの原点みたいな感じになってますもんね。いや〜、おもしろいなあ。ではフミさん、次回もよろしくお願いします！

**斎藤** そうですね。この連載では先が見えない現代と、それと同時に普遍的なテーマや価値観を掘り下げていきましょう！


斎藤文彦
1962年1月1日生まれ、東京都杉並区出身。プロレスライター、コラムニスト、大学講師。アメリカミネソタ州オーガズバーグ大学教養学部卒、早稲田大学大学院スポーツ科学学術院スポーツ科学研究科修士課程修了、筑波大学大学院人間総合科学研究所体育科学専攻博士後期課程満期。プロレスラーの海外武者修行に憧れ17歳で渡米して1981年より取材活動をスタート。『週刊プロレス』では創刊時から執筆。近著に『プロレス入門』『プロレス入門II』（いずれもビジネス社）、『フミ・サイトーのアメリカン・プロレス講座』（電波社）、『昭和プロレス正史 上下巻』（イースト・プレス）などがある。

プチ鹿島
1970年5月23日生まれ、長野県千曲市出身。お笑い芸人、コラムニスト。大阪芸術大学卒業後、芸人活動を開始。時事ネタと見立てを得意とする芸風で、新聞、雑誌などを多数寄稿する。TBSラジオ『東京ポッド許可局』『荒川強啓 デイ・キャッチ！』出演、テレビ朝日系『サンデーステーション』にレギュラー出演中。著書に『うそ社説』『うそ社説2』（いずれもボイジャー）、『教養としてのプロレス』（双葉文庫）、『芸人式新聞の読み方』（幻冬舎）、『プロレスを見れば世の中がわかる』（宝島社）などがある。本誌でも人気コラム『俺の人生にも、一度くらい幸せなコラムがあってもいい。』を連載中。

SPECIAL
REMOTE WORK

リモートワーク
応援セクシーグラビア

撮影：タイコウクニヨシ

プロレスラー
# 安納サオリ

STAN "THE

野口英世

リモートワークは自己管理能力と、
本当の実力をあぶり出すわよ。

せっかく応援しにきてあげたというのに誰もいないの？

逆境？それはチャンスだよ
長州力

逆境？ それチャンスだよ。

たしかに通勤負担の軽減というメリットはあるわ。
だけど仕事の効率が低下したら意味ないわね。

安納サオリ（あのう・さおり）
1991年2月1日生まれ、滋賀県大津市出身。プロレスラー。女優。当初は女子プロレス団体スターダムの芸能部門であるスターダム・プロモーションに所属し、舞台を中心に活動していたが、2015年5月31日、プロレスデビュー。スターダム、アクトレスガールズ、WRESTLE-1、全日本プロレスなどで腕を磨き、そのルックスに似つかわしくない激しい闘いを展開している。現在はフリー。

**リモートワーク応援セクシーグラビア P170 からの後編に続く。**

# 鈴木みのるのふたり言

第82回

## なめんなよ！

構成・堀江ガンツ

——いやあ、新型コロナウイルスの影響で世の中が大変なことになってますね。

**鈴木**　ねえ。短期間のうちに状況がずいぶん変わったからね。

——先月、この『ふたり言』を収録したときは、まだレッスルマニアウイーク（4月上旬）にアメリカに行く予定でしたからね。

**鈴木**　前号の収録をしたときも、すでにコロナ騒動は始まっていたけど、まだそこまで深刻な感じでもなかったからね。それがここ1カ月のうちに世界中でたくさんの人が亡くなってるんで。

——レッスルマニアは無観客でやりましたけど、いまや無観客すら難しい状況になってますからね。

**鈴木**　日本もそうなるでしょ。もう会場が貸してくれないんだよ。だから無観客の動画配信も道場マッチを〝闇〟でやるしかなくなってる感じでね。いま外出禁止とか営業自粛とかをなんのためにやっているかといえば、これ以上広めないように、犠牲を少しでも食い止めようとしてやってるわけでしょ。で、俺自身は試合がなくなり、同時に会場でTシャツを売ったりする機会もなくなった。店（原宿パイルドライバー）は営業時間を短縮してやっているけど、例年のこの時期と比べたら客数も売り上げもまったく違う。

——あの、いつも人だらけの原宿や表参道が閑散としていますからね。

**鈴木**　で、先日政府から「1世帯あたり最大で30万円支給します」と。「フリーランスも収入と落ち込んだ差額を見て最大で何万円支給します」っていう発表があったでしょ？　だからウチも会計士さんに調べてもらったんですよ。ひとつも該当しませんでした。

――えっ!? そうなんですか?

**鈴木**　だから給付ゼロです。

――鈴木さんの規模でもゼロなんですね。

**鈴木**　だから俺自身は、誰かからお金をもらうのを待つっていうことは考えないようにした。いまって「自分がどうしたらいいのかわからないし、何かをしたら批判される」そんな状態でしょ。だから誰かがどうやって動くかを、みんながじーっと見てる状態なんだよ。

――まわりの行動を見て、バッシングを回避しようとしていると。

**鈴木**　だけど俺はいっさいそういうのに振り回されるのをやめました。アイデアと自分が動くことによって金を生み出すしかないんで。サバイバーですよ。

――生き残る術を自分で考えなければいけないわけですね。

**鈴木**　ここがジャングルの中だと思えば、誰かが焼肉定食やカツ丼を出してくれるわけはないんで。自分で何かを獲って、ムカデでもなんでも食べて生きていかなきゃいけないんで。まあ、やっていきますよ。

――それぐらいの損失っていうわけですよね。フリーランスっていう立場だと。

**鈴木**　損失も何も、ゼロだからね。みんなは意味わかってんのかな、ゼロっていうことに対して。

――給料が止まるようなものというか。

**鈴木**　違う。給料が出ないじゃない。明日から何をしていいのかも全部なくなることです。お金が入ってこないだけじゃなく、やるべき仕事もないから。どこに行くこともできない。だから俺なんか生きてるのかもわからない状況に近いですね。

――フリーランスのプロレスラーが、プロレスを奪われたわけですからね。

**鈴木**　俺らはしょせんエンターテインメント側、娯楽を提供する側の人間なんで。「不要不急」っていう言葉に当てはめると、かならずしも生活するうえで必要なわけでもないし、いま緊急に必要というものでもない。余裕があるときに見るものだからね。でも俺たちはそれに人生かけて生きていくわけだから。今回の件に関して俺は簡単にも考えてないし、楽観的というわけでもない。正直、覚悟がないヤツは淘汰されちゃうだろうなと思う。

――それぐらい厳しい状況だと感じているわけですね。

**鈴木**　ジャングルの中で救援物資を待っているだけだと死にますから。大の字になってイビキをかいて寝ていても、猛獣に襲われて食われて死ぬだけなんで。そういう世の中にいるわけだけど、俺は30年以上これで生きてきたんで、その気持ちを短い文章のツイートで流すと「なめんなよ!」「ふざけんな!」って言葉になるんだけどね。

――昨夜、そういうツイートしてましたよね。

**鈴木**　そうしたら海外のファンからの英語のリプライがぶわーっと付いてたんだよ。なんだろうと思って読んでみたら「ウソだ! ウソと言ってくれ!」「辞めないでくれ!」とか「おまえは生きる希望なんだ!」みたいなことが書かれてて、しまいには「いままでありがとう!」とかそんな話になってたんだよ(笑)。

――なぜか引退宣言だと誤訳されたわけですか(笑)。

**鈴木**　そうそう。だから自分の日本語のツイートをグーグル翻訳で英語にしてみたらさ、「プロレスは、鈴木みのるは終わらん!」って書いたのが「鈴木みのるプロレス終了!」になってたんだよ!(笑)。

――ダハハハ! まったく逆の意味に(笑)。

**鈴木** 「俺は終わらないぞ」ってつもりで書いたのにさ。たしかにわざと句読点とか打たずに、正しくない日本語だったけど、日本人なら普通に意味がわかる文だったんだよ。だけどグーグルが端折りやがったんだよな(笑)。

――そこまで汲み取ってはくれなかった(笑)。ちょっと実際に読んでみましょうか。まずは鈴木さんのツイート。

「エンタメ業界、しかもフリーランス。時代のうねりの中、32年生き抜いて来た。会社が倒産だとか仲間とバラバラとか借金とか体の限界とかダメなところ悪いところ恨み辛みの中いっぱい越えて来た。昭和〜平成〜令和と生き抜いて来たサバイバーなめんなよ! プロレスは、鈴木みのるは終わらん!」

これが、グーグル翻訳で英訳から日本語にすると……。

「エンターテインメント業界とフリーランス。彼は時代のうねりの中で32年間生き残りました。会社は破産しました、仲間、借金、体の限界、悪い場所、恨みなど。昭和・平成・令和を生き延びた生き残りです! 鈴木みのるプロレス終了!」

これは完全に「32年間ありがとう!」と読める文になってますね(笑)。

**鈴木** 「会社も倒産し、体も限界です。鈴木みのるプロレス終了!」だもん(笑)。それで大騒ぎになったんだけどさ、英語ができるフォロワーが一生懸命「違うよ。彼は『辞めない』って言ってるんだよ」っていろんな方面に説明してくれてね。

――鈴木さんに代わって英語で釈明してくれたと(笑)。

**鈴木** それで俺もめんどくせえけど、グーグル翻訳の尻拭いをしましたよ。簡単な英語で「ちょっと待て、勘違いすんな! 俺は辞めねえよ。すぐにでも闘うよ。待ってろ!」っていうメッセージを流したら、みんなから「ずっと辞めないでくれ!」って返ってきてね。だから辞めるなんて一言も言ってねえっつうの(笑)。

――アメリカではコロナで倒産する企業が続出してる真っ只中だから、タイミング的に信じ込んじゃったんでしょうね。

**鈴木** 要はこの不況で会社が倒産したから俺は辞めるっていう宣言に見えたんだろうね。ふざけんなって(笑)。言っとくけど、俺に「引退宣言」はないんで。自分のピークが過ぎて、衰えた姿を晒したくないから辞めるというのもひとつの辞め方。もっと続けたいけどケガをしてこれ以上できないから辞めるというのも、ひとつの辞め方だと思うんだよ。でも俺が強く影響を受けたふたりのレスラーは「辞める」っていうのを一言も言ってない。「自分に需要があればやる、なくなったら廃業。それだけ」っていう。「いつまでやる」とか考えたことがない人なんで。それが藤原(喜明)さんと(カール・)ゴッチさんなんだけどね。だから俺も呼んでくれるところがあり、俺の試合を観たいと言ってくれる客がいるかぎりリングに上がるし、トレーニングも続ける。

――たしかにゴッチさんは引退してないし、死ぬまでトレーニングを続けてレスリングや強さを追求し続けてましたもんね。

**鈴木** 「若いとき、俺は強かったんだぜ!」って言って腹がボコンと出て、ふんぞり返って頭がハゲあがってるオッサンが世の中にいっぱいいるわけじゃん。それは人それぞれの生き方だからべつにいいけど、幸い俺はまだこれだけ動けるんで。グーグル翻訳に辞めさせられてたまるかよ（笑）。

——危うく一瞬にして「鈴木みのる引退宣言」のニュースが世界に広まるところでしたね（笑）。

**鈴木**　ホントだよ。ひとりのレスラー生命が絶たれてしまうところだったよ（笑）。いま新日本で試合はできないけど、トレーニング自体は興行再開することを見越してもう始めてるんで。というか1月末ぐらいから自分をもう一段階上げるためのトレーニングに食事も含めて取り組んでるからね。

——それはコロナと関係なくですか？

**鈴木**　まったく関係なく。これからの自分を見据えたとき、「いまの状況ではいけない」と思ってるから。今年の6月に52歳になるんだけど、試合が再開される頃にはバッキバキに仕上げてやろうと思って。いまのプロレス界を生き抜くには必要なことだと思うからね。「そのトシなのにがんばってるね！」とか「50過ぎてるのに凄い！」みたいな言われ方をしたらおしまいなんで。

——あくまで若いバリバリの選手たちとやりあうためということですね。

**鈴木**　何年か前に天龍さんと雑誌の対談でこういう話をしてるときに、俺が「何年間、生き残ってきた」ってことを言ったら「違うよ。〝生き残ってる〟って言うと、おまえの力じゃなくなる。おまえは生き残ってきたんじゃなくて自分の力で〝生き抜いてきた〟んだから胸を張れ」って言われたことがあったんだよ。

——「生き残った」のではなく「生き抜いてきた」ですか。

**鈴木**　その言葉がずっと俺の心に残ってるから。直接プロレスを教わったことはないけど、天龍さんからも多大な影響を受けたよね。逆に若いときに天龍さんのそばにいた人間の話を聞くと、そばにいなくてよかったなと思う（笑）。

——それは影響を受けすぎちゃうってことですか？（笑）。

**鈴木**　そうだね。嫌だよ、「おい、飲め！」とか言われるの。「うっせーよ！」ってきっと反発していたと思う。まあ実際、藤原組にいながら反発していたけど（笑）。とにかくいまは天龍さんの言っていた「生き抜く」っていうことを、とくに強く感じているよ。

——どんな状況でもとにかく生き抜くと。

**鈴木**　娯楽というのはたしかに不要不急のもの。ご飯を食べるとか、ちゃんと生活を送ることのほうが大切なことはたしか。だけど、その生活をより良い方向に導くのは間違いなく娯楽だと思うので。

——生きる糧や、生きがいだったりもしますもんね。

**鈴木**　笑いであったり、勇気であったり。普通にご飯を食べてるだけでは生まれない感情を作ってくれるのは間違いなく娯楽の世界なんで。だってもしプロレスがなかったら、俺は（レスラーを志した）15歳のあの日から、果たしてどんな生き方をしてたんだろうって思うからね。それこそ生きてる実感ってあったのかなって。

——何かに打ち込んだり、夢中になることで、豊かな人生になったりするわけですもんね。

**鈴木**　俺は15歳からプロレス一筋で来てるから、すでに人生の70パーセントを捧げてるってことだよ。だからどんな状況になってもやるよ。大丈夫だよ。グーグル翻訳のせいで勘違いされたけどさ（笑）。俺は闘い続けるよ！　なめんなって！

またぐなよ？「緊急事態宣言」前日に
3つの密を避けるべく
多摩川の土手に集合！

収録日：2020年4月7日
撮影：池野慎太郎
聞き手：井上崇宏

# 長州力［吉田光雄］

「俺たちはやっぱ昭和だからちゃんと
危機感を持って動いてると思うんだよ。
だけどテレビとか観てると『コロナに
かかるヤツはかかるし』とか言って
平気で外で遊んでる若いヤツとかがいる。
それならてめえで勝手にやって、
てめえだけ死ね!!（ギスギス）」

## 「この感染力というのは凄まじいね。やっぱり高齢者にとってはちょっとしんどいウイルスかもわかんない」

──長州さん、今日は最高に天気がいいですね！

**長州**　おっと、近い。今日は3メートル以内に入ってくるなよ？

──「またぐなよ！」と。もうちょっと離れたほうがいいですかね？

**長州**　本当なら10メートルくらい離したいくらいだぞ。今日はそういうルールなんだから。（3メートルほど離れたところから）俺の声、聞こえる？

──聞こえますが、マスクをしているので普段よりも聞きづらいかもしれないです。

**長州**　えっ、山本、いまなんて言った？

※あらためて説明しよう。長州さんは長年、聞き手の井上のことをどこでどう間違えたのか、ずっと〝山本〟と呼んでいるのだ!!

──長州さんのほうが聞こえてない（笑）。

**長州**　慎太郎、おまえはさっきジェルを（手に）たっぷり塗ってたから、もっと近づいてきて桜をバックに撮ってくれ。

**慎太郎**　あっ、はい！（パシャパシャパシャ!!）。

**長州**　とにかく山本はウエイト。そのままで。

※あらためて説明しよう。「慎太郎」は長州さんの長女の婿であり、職業はカメラマンだが、現在は長州さんのマネージメントのサポートもおこなっているのだ!!

──ひどい！　ボクもちゃんとケアしてますよ……（しょんぼり）。

**長州**　でも今日は多摩川にしてよかっただろ。人は少ないし、天気もいいし、気持ちがリフレッシュできるよな。俺も最近はずっと家にいるもんだから身体が硬くなっちゃってるよ。

──そうですね。でも最初、長州さんのご自宅のベランダでやろうという話ではなかったですか？

**長州**　ベランダ？　ああ、テラスのことか。

──そこはどっちでもよくないですか……？

**長州**　俺はあそこをベランダだと思って過ごしたことはないぞ。「ああ、ここのテラスは気持ちいいな」って思ってる。山本、ウチのテラスを見たこともないのになぜベランダだと言い切った？

──適当に言っちゃっただけですので、そこまで詰めないでください……（しょんぼり）。

**長州**　適当なことを言うやつがあるか（にっこり）。いやさ、やっぱりテラスに行くまでにどうしても家の中を通らなきゃいけないじゃん。そこの部分で俺はちょっと構えた部分があるよね。慎太郎はまあ身内だからいいとしてもだ。

──ひどい！　でも今回のコロナウイルスは、やっぱりちょっと甘く見ていたところがありますよね。

**長州**　いや、ホントそうだよ。若い人間が感染し始めたと思ったら、プロ野球とかのアスリートにまでいっちゃってるじゃん。めちゃく

UNDER ARMOUR

ちゃ怖いよな。俺もまさかここまでのものとは予想だにしなかった。とにかく自分のまわりだけでも気をつけなきゃと思ってるし、最近はツイッターでもコロナのことばっかり書いてるから、俺自身の気分が暗くなってきちゃったというか……。もっと日常の楽しいことだけを書きたいんだけどさ、でもやっぱりコロナに関してはみんなも敏感に反応してくるなと思って。

——長州さん、ツイッターは毎日つぶやかなきゃいけないというルールはないんですよ。

**長州**　あっ、そうか？　とにかくこの感染力というのは凄まじいね。言い方はおかしいけど、やっぱり高齢者にとってはちょっとしんどいウイルスかもわかんない。だけどまあ、今日はひさしぶりにアレだな、谷ヤンを筆頭にボンクラのメンツが集まったな（笑）。

**谷ヤン**　（5メートルほど離れたところから）なんてことを言うんですか（笑）。

※あらためて説明しよう。「谷ヤン」は長州さんに10年以上虐げられてきた古参マネージャーであり、谷ヤンのスマホの画面はもう3年以上もヒビが入ったままなのだ!!

**長州**　でも俺もおまえたちのことは心配してたんだぞ？　最近はあまり電話もかかってこないから「これはひょっとして（コロナに）かかったのか……」と思って。いや、こうやって笑い話にできることじゃねえけどな、ほんっとに。とにかく自由に外に出られないっていうのがしんどいよなあ。

——だけど我々はどうしても仕事で外出しなきゃいけないときっていうのがあるじゃないですか。

**長州**　そこなんだよ。俺も今日のこれを中止にしてもらおうかと直前まで思ってたんだけど、山本が「多摩川でもいいですよ」って言ってるって聞いたから「じゃあ、やるか」って。で、いちおう携帯を持ってきたんだけど。

——どういうことですか？

**長州**　だから山本をもっと遠くに行かせて電話で取材すりゃいいじゃんと思って。「もしもし、はい、次の質問！」ってな。でも、それならべつに多摩川まで来ることはないか!?（咳きこまずに爆笑）。まあでも、やっぱ来てみたら気持ちいいじゃん。パパッと終わらせていい空気でも吸って帰ろうよ。

## 「YouTubeを自分で観てみたんだけど、俺ってあんなに滑舌が悪いの……!?（そわそわ）」

——おそらく、今晩の0時から緊急事態宣言が発動されるということになっていますよね。

**長州**　いやさ、俺たちはやっぱ昭和じゃん？　だからこうなったときにちゃんと危機感を持って動いてると思うんだよ。だけど若い人間の感覚というか、捉え方というのは俺たちとはあまりにも違っていることに驚くね。まあ、それなりにみんな自粛してるんだろうけど、テレビとか観てると「まあ、（コロナに）かかるヤツはかかるし」とか言って平気で外で遊んでるもんな。あまりにもあっさりとそう言われると「この野郎……！」ってなんかムッカムカしてくるんだよな（ギスギス）。それはあまりにも人の生命を甘く見てるというか、「それならてめえで勝手にやって、てめえだけ死ね！」って言ってやりたいくらいだよ。まあ、若い連中が全部が全部そういうわけじゃないんだろうけど、そんな言葉を聞くとは思わなかったね。やっぱり家庭を持ってるわけでもないだろうから、抱えてるものがまだアレ（少ない）なんだろうな。だけど、あまりにも責任感がなさすぎじゃね？

——いまは「自分がかからないこと」と同時に「他人に移さないこと」を意識しなきゃいけない状況ですからね。

**長州**　そうだよ。アイツ（コロナウイルス）は目に見えるものじゃないからな。そりゃ「移してやろう」っていう気持ちはまったくないとは思うけど、ああいう軽い気持ちで外にどんどん出て行かれたら、俺もちょっと構えちゃうかもわかんない。だからきのうも小池（百合子）都知事が言ってたじゃん。「ご理解をよろしくお願いします」って。俺は今回のアレ（非常事態宣言）はそこまで締めつけたものじゃないと思うから、今日からホントに個々で実践してさ、まあ俺たちもこうして外に出てきちゃってるけど、間違いなく殊更に距離を離して会っているわけだから。悪いけど、やっぱり家族を持ってる人間とそうじゃない人たちとの間にちょっとズレがあるように見えるね。俺んちだって孫が遊びに来れなくなっているわけだよ。それは「来るなよ！」って言ってるからなんだけど。孫の身になんかあったらもう……。いまはもう赤ん坊だってかかる事例が出てきているし。それよりさ、山本。これは大事な話なんだけど……。

——はい。

**長州**　こないだYouTube用に（中邑）真輔と対談やったじゃん。

——あー、はいはい。

**長州**　あれを自分で観てみたんだけど、俺ってあんなに滑舌が悪いの……!?（そわそわ）。常に口をボケーッと開けててさあ。

——アハハハハ！

**長州**　何を笑ってるんだよ！　ああいうところは編集でどうにかならねえのかよ？

——えっ、編集で口を閉じたようにするんですか？

**長州**　だってずっと口が開いてんだもん。あれはみっともないぞ（そわそわ）。

——「長州さん、口が開いてますよ」ってささやけばよかったですかね？

**長州**　バカタレが！「口が開いてます」ってストレートに言われたらさすがに俺も傷つくぞ。なんていうか「ちょっと顔に締まりがないです」とかそういう表現で留めてもらわないと。それをカンペに書いて見せるとかさ。

——わかりました。次回から気をつけます。

**長州**　マジで頼んだぞ。こういうことを俺の口から言わせるな。そうだ、あのとき俺が描いた会長（アントニオ猪木）の似顔絵、山本の友達のゴキ先生（※画家の五木田智央氏のこと。すでに名前を間違っている）はなんか言ってた？

――ゴキ先生に見せたら、「なんだ、この迷いのない線は！」って言ってました（笑）。

**長州**　おおっ、マジか！　やっぱりわかる人は見るとこが違うね～（ニコニコ）。あれは本当に迷いがないんですよ。すーっとすぐに描けるからな、10秒で。

――「たしかに目の前で10秒で描いてたんですよ」って言ったら、「天才だ！　完敗です!!」と言ってました（笑）。

**長州**　おお、そうか！　谷ヤンも慎太郎もちゃんと聞いとけよ、ほんっとに（ニコニコ）。

――ちなみに藤原組長も凄く絵が上手いじゃないですか。

**長州**　うん、うまいうまい。細かいんだよね。

――ゴキ先生曰く「藤原組長は秀才、長州さんは天才」だと。

**長州**　いやあ、俺は凡人ですよ！　ただの凡人ですから！（ニコニコ）。でもゴキ先生が本当にそう言ってたのか……？

――はい。それで「今度、ぜひアトリエに遊びに来てください」と言ってました。

**長州**　おおーっ！　マジか!!　よしっ、オーボンヴュータンに行ってケーキをいっぱい買って行こう！

――オーボンヴュータンってなんですか？

**長州**　ウチの近所のおいしいケーキ屋さんだよ！　ゴキ先生にはオーボンヴュータンのケーキが合うと思うんだよ。いや、山本、おまえも一緒に行ってくれるんだよな……？（そわそわ）。

**「こないだスマホを新しいやつに替えたんだよね。そうしたら太陽のマークが入ってないんだよ……」**

――もちろん同行させていただきますよ。コロナが収束したらゴキ先生に会いに行きましょう。

**長州**　よしっ！　早朝に行くか。

――なんで早朝に（笑）。

**長州**　最近さ、俺はいつも朝早いんだよ。それでしばらくぼーっとして、そろそろ一発ツイッターにアレしてやろうかなって景気づけにつぶやくんだよ。今日もそうだったんだけど、そうしたらそのあとすぐにスタッフ告知をしてかぶせやがって！

**慎太郎**　かぶせたという意識はないです……。

**長州**　どうして時間帯をかぶせるんだよ？　一度や二度じゃねえだろ、かぶせてくるのは。

――連投のことを「かぶせる」って言うんですね（笑）。

**長州**　笑うな、山本。俺はホンマに怒ってるんだぞ！（ギスギス）。せっかく俺がみんなといい時間を共有しているところにコイツらは……。まさに不要不急の告知を入れてくるからな。

——長州さん、めちゃくちゃツイッターを楽しんでますね。

**長州**　あ？　ツイッターって、なんか意外とあそこに集まってる人たちはみんな同じようなことを考えていて、同じような心配事とか悩み事とかを抱えている気がするんだよな。というのは、俺の投稿に対して返ってくる言葉というのがみんな似たような内容なんだよ。まあ、なかには揶揄してくるバカタレもいるんだけど。そういうバカタレのことは俺にはよくわかんない。「おまえはどうしてそんなにバカタレなの？」って聞いてみてもいいもんなの？

谷ヤン　絶対にダメですよ！

**長州**　「おまえはどうしてそんなにバカタレなんだ？　140字で説明してくれ」って返してやりたいんだけど。あとハートのマークはなんだっけ？

——「いいね」ですかね。

**長州**　おお、それ。たまにさ、ハートを押すつもりがなくても指が触れちゃって「いいね」しちゃうことがあるんだけど、あれはなんとかならないのか？

——まあ、押さないように気をつけるしかない気がしますね。

**長州**　なんだよ、その突き放したような言い方は？　俺はどうしても触っちゃうんだよ。それでまた谷ヤンが目ざとくそれを見つけてさ、「どこがいいねだと思ったんですか？」とかああだこうだ言ってきやがる！（ギスギス）。いかにも俺が何かとんでもことをした犯罪者みたいな扱いをしてきてさ。いや、たまには自発的に「いいね」することもあるんだぞ？　とてもいいことを書いてるなとか、いい写真をあげてるなと思ったらピン！と。

——「座布団1枚！」的なことですね。

**長州**　それそれそれ！　だからあれは「いいね」じゃなくて「座布団」にしてくんねえかな、ホントに。山本、ツイッターって一度に写真を4枚まで載っけられるって知ってた？

——ああ、そうなんですか。いえ、知りませんでした。

**長州**　山本、おまえはなんにも知らないんだな（にっこり）。一度に4枚までなんですよ。だから俺、こないだ等々力不動尊の桜をバックに撮った写真を4枚載っけたんだよ。でも3枚しか撮ってなかったから同じやつを2枚載っけてちょうど4枚！

——いえ、3枚しかないのでしたら3枚載せるだけでいいと思うんですが……。

**長州**　そういうきめ細かいサービスっていうのが求められているような気がしてな。あと俺は最近ね、おにぎりの絵文字をよく載っけるんだよ。なんでかわかる？

——いえ、なぜでしょうか？

**長州**　だって、おにぎりを嫌いな人間はひとりもいないじゃん。

——なるほど。

**長州**　それくらいみんなおにぎりが大好きなんだよ。そんな好きなものを載っけたら場がほんわかするじゃん。

——最近、お気に入りの太陽マークが登場しませんね。

**長州**　おい、聞いてくれ。俺、こないだスマホを新しいやつに替えたんだよね。そうしたら太陽のマークが入ってないんだよ……。

——いやいや、太陽の絵文字が入っていないスマホなんてあります?

**長州**　いや、太陽自体はあるんだけど、俺はギラギラとした真っ赤な太陽が好きなんだよ。その赤い太陽が入ってないんだよ。そうしたらさ、谷ヤンが「"太陽"と入力して押せば、赤い太陽が出るようになってますよ」って言うからやってみたらさ、ツイッターに「(太陽)」って字がそのまま上がっちゃって……。「この野郎！　この期に及んでまだかましてくるか！」と。ほんっとに頭にきたな、あれは。恥かかせやがって！（ギスギス）。

谷ヤン　かますわけないじゃないですか……！

## 「アイツら(桜の木)もしぶとく花を咲かせてるし、がんばってるよな」

——そんな、疑心暗鬼になりながらツイッターをやるのはやめましょう（笑）。

**長州**　もう最近は何をやるのも怖くなってきちゃってさ。はっきり言わせてもらえば、俺はおまえたちのことを信用してないからな、悪いけど。ホンマだよ。なあ、今日ここで約束しない?

——なんの約束ですか?

**長州**　「もうお互いにイタズラをするのはやめましょう」ってさ。

——誰もイタズラしてないですよ（笑）。

**長州**　俺のソフトバンクの太陽はさ、薄～い黄色なんだよ。それは俺の意図する太陽とは違うね。違うどころか、むしろ好きじゃないんだよ。薄～い黄色の太陽って、見てるとなんか気分が暗くなるんだよ……。

——それはよくないですね……！　またすぐに替えましょう。

**長州**　気分がルンルンのときとか天気がいい日、そんなときに赤い太陽をポンと押せば俺は最高の気分になれたんだよ。そのいちばん好きな赤い太陽が、いま俺の手元にないんだよ……（しょんぼり）。

——じゃあ、薄～い黄色の太陽を打つくらいならおにぎりのほうがいいっていう。

**長州**　それ。それもあってのおにぎりなんだよ。繰り返すけど、おにぎりが嫌いなヤツなんていないからな。好きの度合いで言ったら太陽と双璧だと思うしな。山本、そこに咲いてる黄色い花、何の花だか知ってる?

——いや、わからないです。

**長州**　菜の花（にっこり）。

——な、菜の花がどうかしましたか?

**長州**　どうもしないよ。きれいだなあと思ってさ。おおっ、山本、あそこ見てみろよ。

——えっ、どこですか？

**長州**　親子で走ってるぞ。やっぱファミリー総出で走ると躍動感があるねえ（にっこり）。……あっ、あれ、向こうから走ってきてるのは永田かな？

——えっ？　あー、永田（裕志）さんですね！

**長州**　ホンマに永田？　中西（学）じゃなくて？

——永田さ〜ん！

**永田**　（こちらに気づいて）あれ？

**長州**　永田。おまえ、まるで仕込みのようにここを走ってきたな。どこに行くの？

**永田**　いえ、走ってるんですけど……（笑）。

**長州**　ああ、そうか。がんばれよ！　俺も近々カムバックするからがんばるぞ！

**永田**　えっ？（笑）。はい、わかりました！（と言って走り過ぎていく）。

——やっぱ永田さんはいつだってトレーニングしてるんだなあ。

**長州**　なあ。ああいう姿を見ると安心するよ。まあ、みんな練習やってるんだろうけど、永田とかやるヤツはとくにやってるよな。

——やっぱりレスリング出身の人って常に身体を動かしてますよね。もう習性ですかね。

**長州**　だからスポーツをやらないでプロレスラーになったヤツとかって……まあこれはやめておこう。ところで今日はなんでここに来たんだっけ？

——えっ？　いえ、『KAMINOGE』のインタビューです。

**長州**　ふうん。1月にYouTubeの撮影でこのボンクラメンバーで沖縄に行ったじゃん。またスカッと沖縄にでも行きたいよな。

——また平時に戻ったらぜひ行きたいですね。

**長州**　だな。もう今度沖縄に行ったときはマジで飛び上がるぞ。めちゃくちゃに太陽を浴びてやるよ。

——いま、長州さんはずっと家でじっとされてるんですか？

**長州**　ほとんど家。まあ、できる仕事はちょこっと外に出てやってるんだけど、夜はもう完全に家だね。だからテラスを走ってるよ。そこでプッシュアップやったり、スクワットやったり。

——そういうスペースがあるとまだ気がラクですね。

**長州**　そうだよな。しかし、こうやって山本と多摩川で座って話してるとコロナがどうたらこうたらってまったく感じないもんな。

——そうですね。いま一瞬忘れちゃってましたね。

**長州**　おおっ、山本！　あれ、見てみろ！

——えっ、どこですか？

**長州**　犬が走ってるぞ！

——あ、犬か。

**長州**　しかし多摩川はいいな。多摩川の近くに住んでる人たちは

ちょこっと出てきては、ここで空気を吸っていくんだろうな。逆に近くに多摩川がなくてずっと自宅で自粛しなきゃいけない人たちっていうのはしんどいと思うよ。アイツら（桜の木）もしぶとく花を咲かせてるし、がんばってるよな。俺が新日本の入門した頃はもっとズラーッと並んでたんだけど。あっ、永田が戻ってきたぞ。お〜い、永田ぁ！

**永田**　あっ！

**長州**　（急に立ち上がって）おい、永田！　ひさしぶりに胸貸してやろうか!?

**永田**　えっ？（笑）。いえ、大丈夫です！（と言って走り去る）。

**長州**　そうか（ドカッと座る）。おい山本、「白昼の多摩川で、長州力の気迫に永田がひるんだ。さすが長州力！」って書いとけよ。さあ、帰ろ帰ろ。

長州力（ちょうしゅう・りき）
1951年12月3日生まれ、
山口県徳山市（現・周南市）出身。
プロレスラー。
専修大学レスリング部時代にミュンヘンオリンピックに出場。1974年に新日本プロレスに入団し、同年8月にデビューを果たす。1977年にリングネームを長州力に改名。メキシコ遠征後の1982年に藤波辰爾への噛ませ犬発言で一躍ブレイクを果たし、以後、"革命戦士"のニックネームと共に日本プロレス界の中心選手となっていく。藤波との名勝負数え唄や、ジャパンプロレス設立からの全日本プロレス参戦、さらに新日本へのUターン、Uインターとの対抗戦など、常にプロレス界の話題のど真ん中を陣取り続けた。2019年6月26日、後楽園ホールで現役ラストマッチをおこなった。

## PLEASE STAY WITH ME.

コロナと格闘技。この男はなぜ
ステイホームすることができないのか？

収録日：2020年4月8日
撮影：タイコウクニヨシ
聞き手：井上崇宏

バカサバイバー

# 青木真也

「格闘技がメジャーになったらダメなんですよ。もしメジャーになったらケンドー・カシンとかボクみたいな人間が入ってこられなくなって、普通のヤツしかいない世界になっちゃいますよ」

## 格闘技界も詰まったヨカタみたいなことを言い始めたから、これはもうお先真っ暗

――青木さん。今日は格闘家であり、格闘技界の識者である青木さんに『コロナと格闘技』というテーマで語っていただきたいなと思います。

**青木**　格闘技の大規模イベントだと、3月22日にK-1がさいたま（スーパーアリーナ）でやったけど、案外あそこで波風が立っちゃったもんだから、それ以降はみんな一気にイベントをやめちゃったじゃん。

――そのあと非常事態宣言も出て、どのジャンルもまったくイベントを打つことができない状態で。

**青木**　だからまあ、これは我慢くらべですよね。だけど、ボクに言わせればまったく意味のない我慢くらべで。

――意味がないといいますと？

**青木**　どんどんやればいいんですよ、こんなの。やればいいのに、みんな世間体を気にしてやらないわけじゃないですか。ホントに無駄な自粛ですよ。それとボクが思うことは、コロナで死ぬ確率が何パーセントなのかわかんないですけど、たとえば日本では0・1パーセントだとして残りの99・9パーセントの人間はこれからも生きていかなきゃいけないわけじゃないですか。その99・9パーセントの人間の未来の話をわりと抜きで語っているし、経済を止めたりしてるでしょ。ボクからすると、そこを無視してしゃべるというのはまったくもって話にならないですよ。あと今回わかったことは、"ヨカタ"が思っていた以上にヒステリックなんだなと思っています。

――青木さんの言うヨカタっていうのは？

**青木**　格闘技界、プロレス界におけるヨカタという人種が可視化されたんですよ。こうしていざ有事が起こるとヨカタがひより始めるんですよ。わかります？　たとえば練習とかでも「妻が『行くな』と言っているので行けません」みたいなヤツが出てきちゃうわけ。ボクからすれば「なんだよ、そんなの！」ってなるわけですよ。だから家庭を壊しちゃったんですけど……。

――おおー？

**青木**　でも本来なら「おめえ、俺に指図すんじゃねえよ！　誰のカネでメシ食ってんだよ！」みたいなのが典型的な格闘家であり、プロレスラーじゃないですか。なのに、いまの世の中はヨカタばっかりだから、みんな誰かに金玉を握られちゃっていて、人の言うことをちゃんと聞いちゃうんですよね。いま、この状況で「ステイホーム」とか言っている格闘家やプロレスラーは全員ヨカタですよ。ボクはそう思っています。

――では、ヨカタではないプロレスラーや格闘家たちは、こういうときになんて言うんですか？

**青木**　「いまこそやるしかねえだろ！」でしょう。だって格闘技、プロレスっていうのは普通の人間ができないことをやるものだし、人に勇気や元気を与えるものでしょ。いま与えないでいつ与えるのって。

ISSA

ISSA
KAMINOGE

そこで世間と一緒になって右往左往して「ステイホーム」だなんて言ってたら、「バカか、おまえ！」ですよ。そんなのヨカタ・オブ・ヨカタですよ。「だっせーな！」と思って。あとは景気が悪くなってきたりとか、実際に首が詰まってくると、人っていうのは思考停止して「メガイベントをやる」とか言い始めるわけですよ。

——ああ、反動で。

**青木**　そう！（笑）。急にユートピアみたいなことをしゃべり始めるわけですよ。こっちが気を抜いていたら「この状況が落ち着いたら夏にメガイベントをやりたい。みんなに協力してもらって4万人だ、5万人だ」みたいなことを言い出すんですよ。そうなると、そこでまた詰まったヨカタたちが「あー、『Dynamite!!』だ！」とか言い始めて。

——「詰まったヨカタたち」ってなんですか？（笑）。

**青木**　ボクの言いたいことわかります？　世の中全体に閉塞感があって、金も夢もなくて詰まっているから「『Dynamite!!』だ！　そこで那須川vs武尊だ！」とか「青木vs朝倉未来だ！」みたいなことをヨカタが言い始めるわけ。御多分に洩れず、格闘技界もそうやって詰まったヨカタみたいなことを言い始めたから、これはもうお先真っ暗だよねと思ってます。

——『梅を望んで渇きを止む』というやつですかね。

**青木**　でも、そういう虚勢の張り方って素晴らしいんだけどね。猪木さんの言葉じゃないけど、詐欺師って人に夢を与えてるんだもん。いつも夢を散布してくれるからさ。

——夢を散布（笑）。

**青木**　だけど、格闘家みたいな連中にとってはとにかくいまこそチャンスなんだよ。

——日々の練習は変わりなくやっている感じですか？

**青木**　まったく関係なく練習は毎日やってますよ。でもね、それすらも「やるな！」って言ってるヤツらがいるわけじゃん。

——まあ、一般会員がいるジムとかは普通に閉鎖してますよね。

**青木**　でもさ、そりゃジムを閉鎖するのは仕方ないにしてもですよ、プロは集まってやればいいと思うんですよ。だからヨカタが紛れたっていうんですよ。本質がヨカタだったプロ格闘家たちは、みんなここで練習をやめちゃうんですよ。そうやってヨカタが可視化されてきておもしろいなあと。ターザン（山本！）なんて、ツイッターとか見ていたらまったくコロナなんて関係なく生きてるじゃないですか。ヨカタとは対局の人生を送っているじゃないですか（笑）。

## 家族もいないし、どうなってもいい感じってあるじゃないですか。いま、その強さが出ています

——じつは今日、午前中にターザンと会って取材をしてきまして、青木さんの取材を予定よりも1時間遅らせてもらったのは、ボク、1回帰宅して風呂に入ってきたんですよ。

**青木**　えっ、どういうこと？　なんで？

――だって、超至近距離でＵＷＦの話を熱く語られたから（笑）。

**青木**　「そうなんですよぉぉ！」とか言いながら（笑）。

――それでまあ、念には念をということでひとっ風呂浴びさせていただきました（笑）。

**青木**　ああ、いいねえ（笑）。

――すみません、ホントに。ボクもヨカタなんで。

**青木**　いやあ、マジでヨカタたちが気合い入ってねえんだよなあ……。

――だから今日もこれ、ターザンと青木真也の対談でもいいかなとも思っていたんですよ。だけどちょっと……。

**青木**　危なすぎるでしょ（笑）。

――ちょっとかけ算が過ぎるかなと思って（笑）。

**青木**　それはかけ算が過ぎるねえ。あとはね、家族にヨカタが混じると大変なんだよね。

――いやいや、それは人それぞれの人生ですから。自宅にウイルスを持ち込みたくないとかって思ったりするのは普通のことですよ。

**青木**　って言う人はいっぱいいるんですよね。

――ボクもわりとそうですよ。

**青木**　あっ、そう？

――えっ、そういうもんじゃないですか？　っていうか、青木さんはいま家でひとりだからでしょ（笑）。

**青木**　はい、離婚調停中ですから（笑）。だからボクは家にウイルスを持ち帰ってもいいんだよ。むしろ持ち帰りたいくらいだよ。

――まあ、ひとりですからね（笑）。

**青木**　それで言うとね、ボクはいま本当にひとりじゃないですか。家族もいないし、どうなってもいい感じってあるじゃないですか。いま、その強さが出ていますね。「べつに金がなくなったって死なねえよ」っていうのもあるし。

――失うものがない強さ。

**青木**　最近、北岡（悟）先生ともしゃべっていて、彼はジム（パンクラスイズム横浜）を持っているじゃないですか。こうなったら家賃とか大変ですよ。それで「いやあ、金も詰まってくるなあ」って言ってたから「そんなのさ、払わなきゃいいじゃん」ってボクは言ったわけですよ。そうしたら「えっ、どういうこと？」って言うから「ないものは払えねえじゃん。ないものは誰にも取れねえじゃん」って言って。

――無い袖は振れないと。

**青木**　そんなことを俺はあちこちで言っているんで、完全に狂った人になってるんですよね。

――それでみんなの気がラクになったわけではなく、「この人、狂ってる！」と（笑）。

**青木**　うん。「なに言ってんだよ、おまえ。それを払わなかったからって牢屋に入れられるの？　牢屋に入れられないんだったら払わ

ないよね」みたいな話をし始めるから。ちょっと最近はみんなとの温度差を感じますね。

——青木さんがどうなのかはわからないですけど、正論っぽいことというか、本質的なことを述べる人にはじつは友達が少ないタイプが多いですよね。

**青木**　えっ、なんで？　ボクは友達しかいないっスよ。だから「俺たちはファミリーだ！」っていつも言ってるじゃないですか（笑）。

だけど、たしかに本質を言う人は友達は少ないですね。本質と正論はまた別ですから。正論が「ステイホーム」じゃないですか。

——ああ、そうか。

**青木**　みんなは叩かれたくないからその正論しか言わないわけですよ。でもボクは現実だったり本当のことを言うから。

## ヨカタには当然悪いところがありますけど、いいところもいっぱいあるんですよ

——前に猪木さんがダイヤモンド・プリンセス号に乗り込もうとしたって話、知ってます？

**青木**　えっ、どういうこと？

——「いまこそ乗客や乗員を元気づけなきゃ」ってことで、知り合いが持っているクルーザーでダイヤモンド・プリンセス号に乗りつけて「元気ですかー！」ってやろうとしたっていう。

**青木**　天才だな！（笑）。

——だけどまわりが「会長、それはやめましょう」って止めたらしいですよ。

**青木**　すげえ！　やっぱ負けたわ。ボクには何も失うものがないから、逆にいま強いはずなのにアントニオ猪木には勝てない。じゃあ、『KAMINOGE』の誌面上で青木真也の彼女を募集しましょうよ！

——えっ、いきなりなんで!?　これ、ボクの原稿のまとめ方が下手だと思われるのが嫌なんですけど（笑）。

**青木**　どうして？

——いきなり「彼女を募集しましょう！」って、途中あきらかにざっくりカットした箇所があるだろって思われますよ（笑）。

**青木**　ああ、すいません。この急に話が飛ぶっていうのはアスペルガー症候群の典型なんですよ……。でも井上さんはアスペルガーと付き合うことが多いんだからさ、ちゃんと受け身を取れるようにしておいてくれないと。

——ああ、すいません。

**青木**　いや、彼女募集はいいな。それだな。ボクね、コロナ騒動前にひとつだけ後悔していることがあるんですよ。それは本気で後悔していて、やっぱ〝ホシ〟（彼女）を作っていなかったもんだから巣ごもりができないんですよ。本当はボクだってステイホームしてえんですよ！「おまえら、みんなナメんなよ！」みたいなさ！（涙）。

——情緒不安定すぎるでしょ（笑）。

KAMINOGE

# KAMINOGE vol.101

## 定期購読のご案内！

より早く、より便利に、そしてお得にみなさんのお手元に本書を届けるべく「定期購読」のお申し込みを受け付けております。

発売日より数日早く、税込送料無料でお安くお届けします。ぜひご利用ください。

●購読料は毎月 1,120 円（税込・送料無料）でお安くなっております。
●毎月5日前後予定の発売日よりも数日早くお届けします。
●お届けが途切れないよう自動継続システムになります。

### お申し込み方法

※初回決済を 25 日までに、右の QR コードを読み込むか、「http://urx3.nu/WILK」にアクセスして決済してください。以後毎月自動決済を、初月に決済した日に繰り返し実行いたします。【例】発売日が 4/5 の場合、決済締め切りは 3/25 になります。
※セキュリティ設定等によりメールが正しく届かないことがありますので、決済会社（@robotpayment.co.jp）からのメールが受信できるように設定をしてください。
※毎月 25 日に決済の確認が取れている方から順次発送させていただきます。（26 日～ 27 日出荷）
※カードのエラーなどにより、毎月 25 日までに決済確認の取れない月は発送されません。カード会社へご確認ください。

### 未配達、発送先変更などについて

※ホームページのお問い合わせより「タイトル」「お名前」「決済番号（決済時のメールに記載）」を明記の上、送信をお願いします。
返信はメールで差し上げておりますため、最新のメールアドレスをご登録いただきますようお願いします。

また、セキュリティ設定等によりメールが正しく届かないことがありますので、「@genbun-sha.co.jp」からのメールが受信できるように設定をしてください。

株式会社　玄文社
［本社］〒108-0074　東京都港区高輪 4-8-11-306
［事業所］東京都新宿区水道町 2-15 新灯ビル
http://genbun-sha.co.jp
info@genbun-sha.co.jp

青木　ボクだってガーッと練習をやって、ガーッと家に帰ってステイホームするみたいな。ガーッガーッみたいなのをやりてえんですよ……。

――要するに誰もいない家に帰りたくないってことでしょ？（笑）。

青木　やっぱりさびしいからね。だからちゃんと巣ごもりができるようにホシを作っておけばよかったです。それだけは後悔していて。だけど、そこでひとつ思ったのは、ボクみたいにある程度自分の名前で仕事をしていると、Ｔｉｎｄｅｒとかペアーズには手を出せないんですよ。

――それはマッチングアプリ？

青木　そう。知り合いの格闘家なんかはペアーズでホシを見つけたりしているんですよ。そうやってマッチングしてる格闘家たちの声を聞くとさ、下手に有名になってしまった自分を悔いるよね……。「やっぱヨカタがいいな」って（笑）。

――ちょっと待った。本質を見失わないように話してもらっていいですか？（笑）。

青木　だってさ、ボクみたいに名前で仕事をしていたら無理じゃないですか。それをヨカタなんかは適当にさ、「私の年収はいくらです」とかやって出会えるわけでしょ。ヨカタがすげえうらやましいっスよ。

――じゃあ、今日は冒頭からヨカタ憧れの話を聞かされていたということですね（笑）。

青木　いや、ヨカタには当然悪いところがありますけど、いいところもいっぱいあるんですよ。

――アハハハハ！　ヨカタも良し悪し（笑）。

青木　「いや～、これがヨカタの利点かあ」みたいなのもあるわけですよ（笑）。だから本当にいまいちばん求めているものは、ボクと一緒に巣ごもりをしてくれるパートナーですから。しかもそのパートナーというのも、できたら〝マイルド彼女〟っていうのがほしくて。

――マイルド彼女ってなんですか？

青木　マイルド彼女とは「セフレ以上彼女未満」のことですよ。

――セフレ以上っていうのはどういうことですか？

青木　セックスはするけども彼女ほどの拘束力はないっていう。

――そのまんまじゃないですか。でも、たしかにそこに愛はあるぞと。

青木　そう。それをボクはマイルド彼女って言ってるんですけど、そのマイルド彼女がいまほしくて。ステイホームしてる格闘家の連中なんか、そこらへんはヨロシクやってるんですよ。みんないいよなあ。いまのボクにはステイホームすることすらできないんだから。

## ボクがずっと提唱していた『右肩下がりを受け入れて生きていく』っていう話でもあるんです

――ひとりでステイホームしなさいよ！（笑）。

青木　いま、そういう切実なホシ問題がありますよ。でも本質的なことを言って、たまに人を傷つけるっていうのはマッスル坂井とかもそうじゃん。あの人も本当のことを言っちゃうじゃん。

——たまにポロっと言っちゃうんですよね。

**青木**　でもね、ボクが考えているのは、やっぱりこういうときこそ何かが起きる気がするんですよ。戦後、愚連隊からヤクザができたみたいなことと同じようなことが起きそうな気がしていまして。

——それは要するに、いまの常識が常識ではなくなったり、人間の強弱の基準が変わったりするってことですよね。

**青木**　そうなんですよ。正直、そこの部分に関してはちょっとだけドキドキするんですよね。「物理的に強いヤツが強い」っていう時代がやってくるんじゃないかって気もしますし。あと、真面目な話をすると、たぶん、これからみんな貧しくなる。いや！　真面目な話をする前にちょっと逸れましょう。これは本当に大事なことですので。

——はい、どうぞどうぞ。

**青木**　ここに来てですね、パパ活市場が活況です。

——さっきから『KAMINOGE』という媒体を何か誤解してないですか？（笑）。

**青木**　もう夜の店は閉まっているので、それがパパ活市場にこぼれてきているらしいんですよ。だから「パパ活しようかな」って言ってる女のコがけっこういる。

——ああ、不況になることをいち早く察知して。

**青木**　そう。「おまえ、そういうことを言うタイプじゃなかったよな」っていうコがけっこういて、ボクはそういうコに対してここぞとばかりに「やめておけよ。俺はおまえがそんなことをしたらツラいから……」みたいなことを説いてるんですけど。なんだろうなあ、そういう最低な行為をしていますね。そこから搾取しようとしています（笑）。

——真面目な話に戻ってもらっていいですか？

**青木**　真面目な話をすると、本当にこれからみんな貧しくなってきますよね。だけど、リモートワークとかが主流になってくると、コロナ収束後は会社に毎日出社するとか、ちゃんとミーティングに全員集まってとかにはならない気がするんですよ。

——それはもうならないですよね。リモートでもちゃんと仕事が回るっていうことがわかってきたし、会議もZoomやSkypeで事足りていると。

**青木**　そうなると、どんどんコストがかからなくなってくるんですよね。会社で勤める意味もあまりなくなってくる、そうなると生きるコストがかからなくなってくるから、みんなもっと自分の型というものを見つけ始めると思うんですよ。

——それは絶対にありますよね。

**青木**　なので、それはこれまでボクがずっと提唱していた「右肩下がりを受け入れて生きていく」っていう話でもあるんですよ。みんな無理に回していた、縛られることによって作られていた無理矢理な資本主義社会が崩壊していくんですよ。たぶんターザンなんかが「ぶっ壊れるよぉぉ！」なんて言って興奮しているのは、きっとそういう既存の価値観がぶっ壊れるってことを言ってますよね。そこで

狙い目なのは、既存の価値観がぶっ壊れたときに、すでに既存の価値観で生きていなかった人間にみんなが教えを請うと思うんですよ。これからボクはそのライフスタイルを売っていきたいなと思ってます。

——ああ、なるほど。

**青木**　わりとこれから困ってくるヤツが多いと思うんですよ。どう生きていったらいいかがわからないヤツっていうのが増えてくる。

## こういう状況になったら、まず自分で考えて、自分で判断して行動しろ

——こないだ、不動産をやっている知り合いに聞いたら、おっしゃるようにここからライフスタイルがガラッと変わると言ってましたね。サラリーマンも会社に出社しなくていいし、そうなったら会社自体が一等地にある必要もない。

**青木**　どっかに登記だけしていればいいみたいなね。

——それでどうしても集まらなきゃいけないときだけ、適当な場所に集まればいいっていう。

**青木**　むしろ会社っていうものがいらなくなるから、社員を雇う必要もねえよっていう方針になっていって、現代における『北斗の拳』みたいな社会になりますよね。みんなが愚連隊で生きていく、そのときそのときで生きていくみたいな。

——ウチなんかいままさにそうで、社員はいないんで。それで仕事をするときだけ集まって仲間でチームを組めばいいんですよね。で、その仕事が終わったら解散、次の仕事でまた集合みたいな。それがすげえラクで。

**青木**　それのほうがコストがかからないからね。

——そうです。そうして分野ごとにすでにちゃんとしている人と仕事のたびに集合してやればいいので、人を育てる作業も必要ないし。小さいって身軽でいいですよ。

**青木**　ああ、我が社（株式会社青木ファミリー）もまさにそのひとりでやっていくスタイルですよ。

——究極はひとりでやれるのがいちばんいいですよね。

**青木**　そうそう。ひとりなら、こうして世の中が混乱しているときも抱えているものがほとんどないじゃないですか。だから極論、収入は減ってもさほど変わらないよみたいな。

——だから、どんどん身軽にしなきゃと思っていますよ。

**青木**　あっ、あともうひとつおもしろい話があった！　東日本の震災のときに放射能に対して敏感にビビっていたヤツは、わりと高い確率で今回のコロナにも超ビビってます。

——わかります。そこで正しくビビっていればいいんですけど、やたらと騒いで他人も不安に陥れていくタイプのビビり方でしょ？

**青木**　そうそう。踊らされているくせに踊らせようとするというか。あれはイライラしますよね。困った話ですよ。ボクに言わせれば、そいつらこそが究極のヨカタですから。今回に関してはですよ、お

そらく長期戦になるでしょう。だから、しばらく詰まっていきますよ。だからボクの結論は簡単ですよ。「こういう状況になったら、まず自分で考えて、自分で判断して行動しろ」っていう。それと、ついでにもうひとつ言いたいことがあった。やっぱりプロレスとか格闘技はメジャーになんかなったらダメなんだよね。

――あっ、それはなんとなくわかります。

**青木** いつまでもサブカルであるべきなんだよ。「よく考えろよ」と思う。すぐにさ、「格闘技をメジャーに！」って言い始めるヤツがいるじゃん。詐欺師っぽいヤツほど特にそれを口にする。そうじゃなくて格闘技ほどサブカルであらなきゃダメなんですよ。でも、それに気づいているヤツは少ないよね。

――みんな、あるかどうかもわからない梅の木を目指して。

**青木** だって、メジャーになったら困るだろうと。ケンドー・カシンみたいな人がこの世界に入ってこられなくなっちゃうじゃないですか。

――この世界は、カシンみたいな人たちの受け皿ですからね。「そのままでいいんだよ」っていう（笑）。

**青木** そうそう（笑）。ケンドー・カシンとか青木真也とかっていうのは、そういう文脈の人間じゃないですか。それがメジャーになんかなっちゃったら、常識的な普通のヤツしか入ってこない世界になっちゃいますよ。そんなの観たいかって話ですよ。きのうね、サウナに入っていたら、一緒にいたおじちゃんが俺にトンデモ科学を披露してくるんですよ。「サウナに入ってたら大丈夫だ！　コロナにはサウナとR-1だ！」って言ってて（笑）。

――R-1ってヨーグルトの？（笑）。

**青木** そう。「そのふたつでコロナを撃退だ！」って（笑）。やっぱそういうのが好きだもん。

――でも、そういう人って強いですよね。

**青木** そういうのが元気だなと思って。だけどまあ、「このおじさんも家に帰ったらひとりなんだろうな」とは思いましたよね……。

青木真也（あおき・しんや）
1983年5月9日生まれ、
静岡県静岡市出身。総合格闘家。幼少期より柔道で鍛え、早稲田大学3年時に格闘家としてプロデビュー。DEEP、修斗と渡り歩き、2006年2月に修斗世界ミドル級王座を戴冠。大学卒業後は警察官となり警察学校に入るも2カ月で退職して、プロ格闘家一本に。その後はPRIDE、DREAMではライト級王者になるなどして活躍。2012年7月より契約を交わしたONEを主戦場にしており、現在も日本人トップの実力を誇っている。

会員制

HENTAIZADANKAI

# 玉袋筋太郎の変態座談会

TAMABUKURO SUJITARO

## 全女の聖子ちゃん

TATENO NORIYO

# 立野記代

**鉄板話といえば全女が一番!**
**デビュー1年で長与千種を破り、**
**WWEでもトップを張った**
**JB エンジェルス !!**

収録日:2020年4月11日
撮影:タイコウクニヨシ　試合写真:平工幸雄
構成:堀江ガンツ　取材場所:『DRINK BAR GOHAN～悟飯』

**[変態座談会出席者プロフィール]**
**玉袋筋太郎**(1967年・東京都出身の53歳/お笑い芸人/全日本スナック連盟会長)
**椎名基樹**(1968年・静岡県出身の52歳/構成作家/本誌でコラム連載中)
**堀江ガンツ**(1973年・栃木県出身の47歳/プロレス・格闘技ライター/変態座談会主宰者)

**[スペシャルゲスト]**
**立野記代(たての・のりよ)**
1965年12月1日生まれ、栃木県足利市出身。元プロレスラー。
1981年、全日本女子プロレスに入門。同年7月12日、坂本一恵戦でデビュー。1982年8月10日、長与千種を破り全日本ジュニア王座を奪取。その後、山崎五紀とのタッグ「JBエンジェルス」を結成し、WWWA世界タッグ王座に君臨やクラッシュギャルズの対抗馬として活躍し、WWF(現WWE)でも人気を博した。1991年に一度引退するが、1992年のLLPW旗揚げに参加して現役復帰。2010年10月10日、『立野記代30周年&現役引退興行～ファイナルネックブリーカー～』で引退。

会員制
All Japan Snack Federation Since 2009
全日本スナック連盟

## 「もしプロレスに受からなければ、ダイエットして競馬の騎手か競艇の選手になりたいなと思っていました」（立野）

**ガンツ**　今回はレッスルマニア開催月ということで、女子レスラーとして元祖WWEスーパースターともいうべき、立野記代さんのお店で変態座談会をやらせていただきます！

**立野**　よろしくお願いしま～す！

**玉袋**　MSGで活躍したママがいる店なんて、なかなかないよ。「ママ」って呼んでいいのかな？

**立野**　いつもは「ノリちゃん」って呼ばれてますね。

**玉袋**　でも俺の妻がね、ノリちゃんなんですよ（笑）。

**立野**　じゃあ、呼びにくいですね（笑）。

**玉袋**　でもママ、俺もスナックやってるんだけど、いまのこのご時世、ホント嫌になっちゃうよね。

**立野**　そうですよね。ウチもしばらく店を閉めようと思って今週は休んでたんですけど、今日から15時～20時で再開したんです。

**ガンツ**　東京都から居酒屋営業は夜8時までっていう指針が出ましたもんね。

**立野**　だから急きょ、ほかのお客さんがいる中での取材になっちゃってすみません（笑）。

**玉袋**　でも、このご時世でちゃんとお客さんが入ってるって凄いよ。

**椎名**　レッスルマニアは〝無観客〟なのに（笑）。

**玉袋**　あと驚いたのは、ここに来るまでに井上京子の店の前を通り、隣は影かほるの店で、武蔵小山にどんだけ全女が集まってるんだってことですよ（笑）。

**立野**　全女の事務所が下目黒にあったので、遠からず近からずで。商店街もあるし、みんなこのへんに住んでいたんですよ。

**玉袋**　寮を出たら、ここらへんが便利だからってことですか？

**立野**　そうですね。私もハタチからずっとこの近辺に住んでますから。自分たちの代は下が入ってこなくて、寮生活が長かったんです。

**玉袋**　下が入って来なかったっていうのは、いつぐらいの時期なんだろ？

**立野**　自分たちの下がブル（中野）ちゃんたちなんですけど、新人時代は凄い低迷期だったんで。

**椎名**　ビューティ・ペアのブームが終わった頃ですか？

**立野**　そうですね。私が入ったときは、もうマキ上田さんは引退されていて、ジャッキー佐藤さんだけが残っていて。

**ガンツ**　じゃあ、ちょうどどん底に落ちていくとき（笑）。

**立野**　ホントにそうなんですよ（笑）。

**椎名**　なんで女子プロに入ろうと思ったんですか？

**立野**　小学3年生のときに全女が地元に来て、近所の人たちと観に行ったら「あっ、私はプロレスラーになるために生まれてきたんだ」って勘違いをして、中学を卒業してすぐに入門した感じですね。

**玉袋**　子どもの頃って思い込んじゃうんだよな〜。
**ガンツ**　立野さんって栃木県足利市生まれですよね？　ボクも一緒なんですよ。
**立野**　ああ、そうなんですね。
**ガンツ**　家は足利競馬場の近くだったんですよね？
**立野**　そう。競馬場は廃止になって、いま日赤（足利赤十字病院）になったの。
**玉袋**　鉄火場のそばで育ったわけか。
**立野**　親が厩務員をやってたんです。
**玉袋**　厩務員じゃ大変でしょう？　馬を中心とした生活だから。もう娘を中心としないんだから（笑）。
**立野**　もう全然。朝起きたら親がいないみたいな。それで私は勝手に学校に行く、帰ってくる、やっぱりいない、勝手におやつを食べる、みたいな（笑）。
**玉袋**　将来、ジョッキーになろうとは思わなかったの？
**立野**　私は身体が大きかったので。騎手ってみんな身長160センチもなくて、155前後くらいで痩せてたんで。でも、もしプロレスに受からなければ、ダイエットして競馬の騎手になりたいなと思いましたよ。もしくは競艇の選手。
**椎名**　おー、いいっスね〜。
**立野**　すみません、勝負の世界ばかりで（笑）。
**玉袋**　そこに競輪も入れてほしかったけど、当時はまだガールズ競輪ねえもんな。でも、まわりから「高校に行け」とは言われなかったんですか？
**立野**　言われました。でもプロレスをやるなら中卒で入るのが自分たちの時代は当たり前だったんで選択肢もなかったんです。「私はプロレスラーになるために生まれてきたんだ」って思っちゃってたんで。
**玉袋**　厩務員のパパは反対しなかったんですか？
**立野**　私は「プロレスラーになる」っていうのは心に秘めていて、ギリギリまで言わなかったんですよ。
**玉袋**　ほとんど家出少女と一緒だよ（笑）。
**ガンツ**　自立心があったってことですよ！（笑）。

## 「立野さんの全女入門秘話に愚連隊の神様、万年東一が出てくるところが凄いよ！」（玉袋）

**立野**　中3のとき、まわりは受験勉強してましたけど、私は全日本女子プロレス一本で、みたいな。
**玉袋**　でも全女に入れるかどうかわからないんだから、一応受験はしましょうよ（笑）。
**立野**　コネみたいなものがあったんですよ。たまたま同じ厩舎の騎手のお父さんが土建屋の社長さんをやっていて。
**玉袋**　いいねー、土建屋って。ヤクザでしょ？
**立野**　違います！（笑）。で、たまたま競馬場の近くにそのお父さん

こせ!クラッシ
ャルズ公認FC・風林火

がマンションを建てたんですよ。そのときに「信頼できる人」ってことでなぜかウチの両親が管理人に選ばれて。そのマンション1階に入った老夫婦のお父さんが元ボクサーで、松永さんたちとつながっていたんですね。

**玉袋** えーっ!? 柔拳時代からの知り合いってことですか。

**立野** それで最初は、ボクシングと女子プロレスを万年会長がやってたじゃないですか。

**玉袋** 愚連隊の神様、万年東一ですね。

**立野** 万年会長から女子プロレスの興行を譲ってもらったのが松永高司さんだったんです。で、そのマンション1階のお父さんは昔、万年さんのところでやっていたボクサーだったので、親が「ウチの娘、来週の日曜日に女子プロレスのオーディションなんだ」って言ったもんだから、そのおじさんから松永さんに話がいって、もうコネですよ（笑）。

**玉袋** いや〜、でも入門秘話に万年東一が出てくるところが凄いよ！

**ガンツ** 松永兄弟以前の女子プロレス創始者ですからね。

**玉袋** いや〜、ビックリだなあ。じゃあ、トントン拍子？

**立野** 3月に中学卒業して入って、5月に大宮スケートセンターでやったプロテストも親とそのおじさんが観にきてたんですぐ合格で（笑）。それで7月にデビュー戦ですから。

**椎名** コネのおかげもあって、エリートだったと（笑）。

**立野** だからいきなり地元で10分1本勝負をやって。

**ガンツ** デビュー戦がいきなり凱旋興行ですか！（笑）。

**立野** そうなんですよ。全然できないのに。

**玉袋** それも万年のチカラだろうな（笑）。入ったときは誰の付き人だったんですか？

**立野** 自分たちの時代は付き人制度がなかったんですよ。雑用はたくさんあったんですけど、特定の人に付くことはなくて。「女のコなんだから自分のことは自分でしなさい」っていう教育だったんで。

**椎名** そのあとの世代とはちょっと違いますね。

**立野** それが変わったのは、クラッシュギャルズが全盛になってからですね。ファンにもみくちゃにされるから、荷物を持っていたら危ないってことで、付き人制度が始まったんです。

**椎名** なるほど〜。

**玉袋** じゃあ、立野さんの時代は意外とゆるやかっていうか。

**立野** ゆるかったですね。先輩、後輩の上下関係はありましたけど。

**玉袋** いちばん厳しかった先輩は誰なんですか？

**立野** いちばんねえ……。

**玉袋** まあ、軽くで（笑）。

**立野** 意地悪な人はいましたね。それはナンシー久美さんでしたけど。

**玉袋** そうだったんだ。俺、すげーファンだったんだよ、ナンシー久美（笑）。

**立野** でも、それは自分が鈍くさかったからかな。

**玉袋** もう、そのときはビューティはいないわけですよね？

**立野**　私がデビューしてすぐにジャッキーさんが引退したので。静岡の寂しい体育館で。

**ガンツ**　あの大スターだったジャッキーさんの引退は、華々しいものじゃなかったんですよね。

**立野**　昔はそうだったんです。ヒールの人たちなんか、地方で辞めたらそのまま実家に帰って行ったんですよ。「お疲れ様でした」って。

**ガンツ**　ヒールは引退発表すらなし（笑）。

**立野**　マミ熊野さんとか実家が関西で、「このへん近くだから、じゃあここで終わりね」って。

**椎名**　寂しいな～（笑）。

**ガンツ**　ほとんど「釈放」って感じですね（笑）。

**「ミミ（萩原）さんはギリギリの水着を着てましたからね。それは会社に言われたわけじゃなく自分の趣味で（笑）」（立野）**

**立野**　それもオープンの会場とかで、人知れず辞めていくんですよ。昔は「ヒールに引退式はないから」って言われていて、それが当たり前だと思ってたんです。

**玉袋**　でも、そのヒールの哀愁が俺は好きだな。

**立野**　荷物1個持って「バイバイ」みたいな感じでしたから。

**玉袋**　で、ジャッキーさんの引退後、どん底になるわけですか。

**立野**　そのどん底のときにがんばったのが、ミミ萩原さんとデビル雅美さん、ジャガー横田さんなんです。

**椎名**　メンバー的におもしろそうですけど、そんなにお客さんが入ってなかったんですか？

**立野**　入ってなかったですね。午後6時半開始なのに、6時の時点でだいたい20～30人みたいな。それで「お客さんがもうちょっと入るまで開始時間をずらそう」とか言って、7時くらいまで待ってたりして。

**ガンツ**　お客さんが集まるまで始まらない（笑）。

**玉袋**　その間、松永会長が焼きそばを焼いてたのかな？

**立野**　いや、その頃はまだやってませんでしたね。

**椎名**　全女にまだ焼きそばもない時代（笑）。

**立野**　お客さんが入らなくて給料も遅れてたんですけど、そのかわり海が好きだったから、海の近くで試合があるときは「みんなで海に行こう」とかやっていたんですよ。

**ガンツ**　金を払えないかわりに海に連れていく（笑）。

**立野**　浜辺でバーベキューをして、会長が焼きそばを焼いてくれて、それがテキ屋の商売に繋がったんです（笑）。

**椎名**　そこからだったんですか！（笑）。

**ガンツ**　一気にたくさん作れるし、安く済むし、「これを売れば商売になる」と（笑）。

**玉袋**　立野さんが入った頃、試合は年間どれくらいやってたんですか？

**立野**　年間300試合近くありましたね。

**椎名**　客が入らないのに年間300やるんですか？　不思議ですね。

**ガンツ**　1興行の上がりが少ないから、回数を増やすという（笑）。

**立野**　しかも当時はA班、B班で分かれて興行してたんですよ。A班がジャッキーさん中心、B班がナンシーさん中心で。だから同じ日に別会場でそれぞれやってたんですね。そうしたら余計にお客さんが入らなくなっちゃって。

**ガンツ**　そりゃそうですよね。スターが半分しかいないわけで（笑）。

**立野**　それで私が全女に入ってから半年後くらいには合同になったんですね。もう1年で20人くらいが辞めてしまったんで。

**玉袋**　その頃、ヒールのトップはデビルさんですか？

**立野**　最初は池下ユミさん、マミ熊野さんがいて、そこからデビルさん、松本香（ダンプ松本）、本庄ゆかり（クレーン・ユウ）ですね。

**ガンツ**　のちの極悪同盟ですね。

**玉袋**　立野さんはベビーフェイスでいくっていうレールが最初から敷かれていたんですか？

**立野**　それはわからないんですけど、女子プロレスにとって「赤城マリ子」っていう名前は大切だったんで、私が三代目になる予定だったらしいんですよ。

**ガンツ**　三代目・赤城マリ子ですか！　凄いですね。

**玉袋**　三代目コロンビア・ローズみたいな（笑）。

**立野**　だけど2代目の方に話をしに行ったら、「私の名前だからあげない」って言われて、そのまま本名でやることになったんです。私は断ってくれてよかったなとは思ってるんですけどね。もう、私たちの時代くらいから本名の人が多かったんで。

**ガンツ**　横文字のリングネームとか、ベビーフェイスだとライオネス飛鳥さんぐらいですもんね。

**立野**　女子プロレスって、昔は名前に「子」がつくと出世しないって言われていて、飛鳥さんは「智子」だったので、変えたほうがいいってことになったんですよ。

**ガンツ**　そんなジンクスがあったんですか（笑）。

**玉袋**　お笑いでもそういうのがあったんだよ。ウッチャンナンチャンとか、ダウンタウンとか、「ン」が付くのがいいって言われてたんだけど、浅草キッドにはなかったんだよ（笑）。あとは濁点が付くといいとかね。

**椎名**　マックボンボンとか（笑）。

**玉袋**　それは志村けんさんが売れてねえ頃のコンビ名だろ！（笑）。

**ガンツ**　濁点も「ン」も付いてるけど、70年代は違ったんですね（笑）。

**椎名**　立野さんの若手時代、ミミ萩原さん目当てのお客さんがいっぱい来たりはしなかったんですか？

**立野**　男の人は多かったですね。

**椎名**　そうですよね。ミミ萩原さんって『アサヒ芸能』にいっぱい載ってましたもん（笑）。

**玉袋**　俺なんかも、ミミ萩原で性の目覚めがあったようなもんだからね。

**立野**　ギリギリの水着を着てましたからね。しかも会社に言われたわけじゃなく、自分の趣味で（笑）。

**椎名**　そうなんですか!?　さすがですね（笑）。

**玉袋**　でも、それはレスラーとしてはいいことですよね。

**立野**　素晴らしいです。私、ミミさんが大好きなんですよ。

**ガンツ**　自己プロデュースができていたってことですよね。

**立野**　そうなんです。

## 「当時の全女は〝ピストル〟が重視されていて、それで勝たないとチャンピオンになれなかった」（ガンツ）

**椎名**　あと、女子プロレスラーの方に話を聞くと、みなさん若手時代は食べるものがなくてひもじい思いをしてたって言うんですけど、そうでした？

**立野**　お金はなかったけど、会社からお米はもらえたので、白米をたくさん食べて、いつもお腹いっぱいになってましたよ。

**椎名**　じゃあ、ほんのちょっとの差で、時代によって違うんですね。

**立野**　おかずはないんですけど、みんなでお金を出し合ってカレーライスを作ったりとか。それだと大鍋で作れるんで、ひとり100円くらいで済むんですよ。

**ガンツ**　でもクラッシュギャルズブームのあとのどん底を経験してる世代はひどかったみたいですよ。

**玉袋**　井上京子ちゃんとか、先輩が食ったケンタッキーの残りを漁ったって言ってたもんな。

**立野**　私たちの時代はそれはなかったですね。当時はまだビジネスホテルが少なかったんで、巡業で旅館に泊まってたんですよ。だから夜も朝もご飯が出たんです。

**ガンツ**　旅館に素泊まりがない時代なんですね。

**立野**　そうなんですよ。ビジネスホテルが増えて素泊まりができるようになったら、会社が「安く済むから助かった」って言ってましたから。

**椎名**　なんか、立野さんの時代のほうが楽しそうですね（笑）。

**立野**　でも練習は厳しかったですけどね。朝練やって昼練やって、夜は試合みたいな感じでしたから。

**玉袋**　当時のコーチは？

**立野**　私の時代は柳みゆきさんがコーチでした。会場に着いてリングを作り終えると、まず先輩たちがリングで練習して、そのあと新人は百発投げをやられたりとか。
**玉袋**　百発投げ！
**ガンツ**　百発投げっていうのは、百発受け身を取らされるってことですよね？
**玉袋**　あぶねえよ！
**立野**　もう首がつらくて、新人はいつも手で頭を押さえてましたから。
**ガンツ**　頭の重さを軽減して、首に負担をかけないと（笑）。
**玉袋**　俺は女子プロ特有の相手に髪の毛を持たれたまま投げられて、うつ伏せで取る受け身が好きなんだよな（笑）。
**立野**　あれは髪の毛を持たれると痛いから、かならず相手の手を掴むじゃないですか。それで相手に逆らわずに投げられると、いちばん痛くないんですよ。
**玉袋**　相手に逆らうと、髪の毛が抜けちゃうわけか。
**立野**　そう。だから新人のときは「髪の毛を持たれたら抵抗しちゃいけない、そのままついていけ」って教わったんですね。
**椎名**　相手に身を委ねることがいちばん安全ってことですね。
**玉袋**　芸事も一緒ですよ。振られても下手なことを言わないと。ただついていって乗っていって、たとえば（笑福亭）鶴瓶さんのうまい話に乗っかっていったら、ちゃんと落としてくれるっていう。
**椎名**　なるほど（笑）。
**立野**　それとロープに振られてもまっすぐに走っていけば、先輩は上手なので対処してくれるので。
**玉袋**　やっぱ先輩がうまいと後輩も上達していくじゃん。でも、先輩で下手な人がいたら後輩は上達しないよね。
**立野**　言わせてもらえば、たとえば神取（忍）は強いだけでプロレスは上手ではないじゃないですか。でもあれは特殊で、あの動きでよく見えちゃうんですよ。神取は特別なんですね。
**ガンツ**　ひとりだけ異物が混じってるからいいんでしょうね。
**玉袋**　あれがＵＷＦみたいに、ぶきっちょなのが何人もいると話が違ってくるんだよな。
**立野**　自分たちが言われたのは「そういうプロレスは道場の練習でやれ」って。「会場では隅々にまでわかりやすいプロレスをやりなさい」と。
**ガンツ**　だけど当時の全女っていうのは〝ピストル〟が重視されていて、それで勝たないとチャンピオンになれないという、相反するものがあったってことですよね？
**立野**　〝そこ〟だけはお客さん関係なし、みたいな（笑）。
**椎名**　ピストルっていうのは押さえ込みですか？
**立野**　押さえ込みですね。
**ガンツ**　お客さんを満足させなきゃいけないのに、いざタイトル戦だとピストルっていうのは、どう自分の中で消化していたんですか？
**立野**　もう言われるがままですね。もともと全女に入る前に格闘技とか何もやってなかったから、自然に受け入れられたというか。「私が好きだったプロレスってこういうものだったんだ」みたいな（笑）。

一般社団法人
All Japan Snack Federation Since 2009
全日本
スナック

**ガンツ**　「プロレスって最後はピストルの押さえ込みなんだ」と（笑）。

**椎名**　若手時代に、それで長与（千種）さんを倒してるんですよね？

**立野**　あれはフジテレビのディレクターが、「記代、おまえは長与に勝てないだろうから、もしおまえが勝ったら１００万やるよ」って言ってきて。当時のお給料が10万円くらいだったので「そんなにいっぱいもらえるの!?」と思ったら、プロデューサーがディレクターに「おまえ、１００万はウソになる。でも10万だったら自分のポケットマネーで払えるだろ。10万にしろ」って言って、それでホントに10万円欲しさでがんばったんですよ。

**椎名**　そんなガチな話ってあります？（笑）。

**玉袋**　すげえ賞金マッチだよ（笑）。

**立野**　でも普段からタイトルマッチになると会社の人たちもみんな賭けてたんですよ。「おまえに賭けてっからがんばれよ」とか言われて。それで負けたら「おまえに賭けてたのに損したよ！」って（笑）。

## 「どういう経緯で極真の山崎照朝先生から教わることになったんですか？」（椎名）

**玉袋**　カジノ法案が通る前から、松永兄弟は自前でやってたというね（笑）。

**立野**　結局、それで勝って10万円もらって、暮れに会社で行く旅行がサイパンだったんですけど、両親を連れて行きました（笑）。

**ガンツ**　でも、あの試合は女子プロレス史においてもじつは重要な試合だったんですよね。ブレイク前の長与千種は、後輩である立野さんにタイトルマッチで負けて、退団寸前まで追い込まれるという。

**立野**　自分はタイトルマッチだって当日まで知らなかったんですよ。練習が終わったあとにご飯を食べに行ってたら先輩と会って、「記代、タイトルマッチだったよ」って言われて、会場に戻ったらホントにタイトルマッチで。

**ガンツ**　若手の登竜門的な全日本ジュニア王座ですよね。

**立野**　そうですね。それで試合開始のゴングが鳴るまで、ジャガーさんと飛鳥さんと（ダンプ）松本さん、あとは松永健司さん、その4人から押さえ込みの練習を教えてもらって。

**ガンツ**　主流派がみんな立野さんに付いちゃってるじゃないですか（笑）。

**立野**　それは派閥があって、私はジャガー派で、長与さんはデビル派だったんですよ。それで派閥の人たちが付いてくれて。相手は先輩だから、私はべつに「負けられない」とも何も思っていなかったんですけど、「こういったら、相手はこう逃げるから、こう押さえ込め」って教わって。そうしたら、その流れ通りに長与さんが動いたので。

**ガンツ**　長与さんの癖をすべて教えてもらっていたんですね。

**立野**　はい。それでガッツリ押さえ込めたんですよ。

**玉袋**　すげえな～。

**椎名**　長与さんは悔しかったでしょうね。

**ガンツ**　悔しかった以上に、後輩に負けてタイトルを失うっていうのはもう団体にはいられないってことなんですよね。

**立野**　ジュニアだったからまだ大丈夫だったんですけど。でも、もうギャン泣きされて。

**椎名**　長与さんは特別な感じだったんですか？

**立野**　いや、全然です。落ちこぼれみたいな、明日にでも辞めるみたいな感じだったので。

**ガンツ**　だから同期と比べても長与さんは1周遅れだったんですよね。後輩の立野さんとタイトル戦をやってるってことは。

**立野**　そうなんですよ。

**ガンツ**　しかも長与さんの後援会があった福島で、わざわざ後輩とのシュートマッチを組むという全女の恐ろしさ（笑）。

**立野**　お客さんが入らない時代なのに、後援会だけで200人近く来てましたからね。

**玉袋**　やべー。残酷すぎる……。で、それで勝っちゃったわけだ。

**立野**　勝ちました。

**ガンツ**　だから試合後、長与さんは「もう辞める」って言ってたんですよね。

**立野**　それは知らなかったんですけど、もう凄く泣かれちゃって。私が悪いことをしたのかと思うくらいで。でも私のなかでは「やだあ、もう。10万円もらっちゃった」みたいな（笑）。

**椎名**　まあ、勝ったほうはそうですよね（笑）。

**ガンツ**　だから長与さんは立野さんに負けたあと、引退するつもりでライオネス飛鳥と禁じ手なしで試合して、それが評価されてクラッシュ・ギャルズとして売り出されることになったんですよね。ある意味で、立野さんに負けたことがクラッシュを生んだという。

**玉袋**　落ちこぼれて辞める寸前から、人生の大逆転をしたってことだもんな。山崎照朝先生の指導を受けたりしてね。

**ガンツ**　立野さんも、山崎照朝先生による地獄の新島合宿は参加してるんですよね？

**立野**　参加しました。私、先生が凄い人だっていうのは知らなくて。

**玉袋**　凄い人ですよ（笑）。

**ガンツ**　極真空手の初代全日本王者ですからね。

**立野**　でも私は知らないから、「なんでこんな人に教わらなきゃいけないの？」と思って。

**椎名**　「こんなプロレス素人に」と（笑）。どういう経緯で山崎先生から教わることになったんですか？

**立野**　私は全然わからないんですけど、最初に長与さんと飛鳥さんが練習に行かせてもらって、先生が言うには、ふたりが練習についてこられたら教えてあげようと思っていたら、練習についてきたらしいんですよ。それで気づいたら、私も合宿のメンバーに入ってて。

**ガンツ**　要はクラッシュを売り出すための一環ですよね？

**立野**　そうだと思います。クラッシュのふたりがこれから空手を使っていくっていうので。でも長与さんは子どものときからやっていた空手なんでズルいなと思って。何をやっても決まってて、初めてやっ

た飛鳥さんが全然決まらないからかわいそうで。

**ガンツ**　プロレスだと飛鳥さんのほうがずっと上だったのに、空手を売りにすることで逆転させるという（笑）。

**立野**　そういうところがありましたね。

**玉袋**　あの新島合宿では、股割りで鳴き叫ぶ立野さんの姿が強烈に印象に残ってるね。

**立野**　もう泣きましたね。普通、身体のやわらかさには、人それぞれ限度があるから、途中でやるのを諦めてくれるもんですけど、先生は最後まで諦めないんで。

**ガンツ**　だけど立野さんが凄いのは、あの股割りがのちにパフォーマンスになったというか。入場したら足を前とうしろに開いて、お客さんが「おー、やわらけー！」って驚くのがひとつの見せ場になりましたよね。

**立野**　そうですね。あれだけ苦しい思いをしたんで、使わないと（笑）。

**玉袋**　それが凄いよな。

## 「レッスルマニアの出場も決まっていて衣装とかも取り寄せていたんですけど『日本に帰ってこい』って言われて」（立野）

**ガンツ**　そしてクラッシュがブレイクしたあと、立野さんは山崎五紀さんとコンビを組み、のちにJBエンジェルスとなるわけですけど、もともと五紀さんとは派閥が別だったんですよね？

**立野**　別だったんですよ。私がジャガーさんの派閥で、五紀がデビルさん。

**玉袋**　「ジャガー派か、デビル派か」って最高だよな（笑）。派閥の人数の多さとかは？

**立野**　だいたい一緒くらいですね。

**ガンツ**　でも赤いベルトを巻いているのはジャガーさんですからね。

**玉袋**　じゃあ、与党だよな。

**立野**　デビルさんは本当に赤いベルトをほしがっていたので、ジャガーさんとやる前、もの凄く練習していたんですよ。だけど最終的に負けてしまったんで。

**椎名**　それぐらいジャガーさんは強かったってことですか？

**立野**　強いんですけど、それだけじゃなくて。自分もそのときセコンドに入ってたんでわかるんですけど、レフェリーの（松永）俊国さんがジャガーさんを勝たせたかったのか、ジャガーさんがフォールするとワン、ツーまでは入るんだけど、デビルさんがフォールしてカウント2ぐらいまで何度押さえ込んでも、カウントを取ろうとしなかったんです。それで最後、ジャガーさんが押さえ込んで完璧にカウント3が入ったんですけど、試合後にデビルさんがレフェリーをぶん投げて（笑）。

**玉袋**　すげーなー。

**立野**　控室でも殴り合いになったり（笑）。それでデビルさんが泣きながら「私だってツーが入るような押さえ込みは何カ所かあったと思うけど、それを取ってくれなかったのが悔しい」って。

**ガンツ**　そんな一方に肩入れした疑惑のレフェリングだったんですね。同じ疑惑でも、阿部四郎のレフェリングとはまったく別次元の（笑）。

**玉袋**　阿部四郎はエンタメだから。縁日のインチキなおじさんだから（笑）。でも、こっちはマジだもんな。

**立野**　デビルさんは赤いベルトのために凄く練習してたので、それは怒りますよね。

**ガンツ**　ちょっと話を戻しますけど、立野さんと山崎さんは、そういう派閥は関係なしに「タッグを組め」って言われたわけですか？

**立野**　会社から言われたら絶対なんで。会社も試しに組ませてみて、それでうまくいけばそのままいく、みたいな。

**玉袋**　これが男同士だったら、それまで派閥が違っても、一杯酒を飲んで「一緒にやっていこうぜ」みたいになったりするもんだけど、立野さんの場合は？

**立野**　ないですよ。だから入場するときの扉の前まで会わなかったりとか。

**玉袋**　試合前に打ち合わせも一切なく？　それって究極のアドリブでしょ。

**立野**　でも同期で同じことを習ってきたので、相手が何をやりたいかはだいたいわかるんですよ。試合中に「ダブルをやろう！」ってなれば、もう自然にできるんですね。リング上で呼吸を合わせるじゃないけど。

**玉袋**　その阿吽の呼吸が、入って何年かでできるようになるのが凄いよな。で、そっから仲良くなっていくわけか。

**立野**　それが全然仲良くならなかったんですよ。

**玉袋**　そうなの!?

**立野**　それでアメリカ遠征に行かされたとき、私がちょっとダメだったんで、五紀に「ちょっとあんたに言いたいことがあった」って言われて。

**椎名**　積もり積もったものがあったと（笑）。

**ガンツ**　アメリカに行くまで、ほとんどしゃべりもしなかったんですね（笑）。

**立野**　それで「アメリカに来てふたりしかいないから、ふたりで力をあわせてがんばらなければどうにもできない。私はがんばりたい。あなたはどうですか？」って言われて、「私もがんばります」みたいな感じで、そこからは親友になりました。

**玉袋**　『テルマ&ルイーズ』だよ（笑）。

**立野**　そこからは大親友でいまも繋がってるんで。でも、あのときにアメリカに一緒に行かなかったら、引退後に会うこともなかったかもしれない。

**椎名**　アメリカにはどうして行くことになったんですか？

**立野**　WWEがまだWWFだった時代に、向こうの人たちが女子プロレスラーを探していたみたいで、そのとき私と五紀にオファーが来たんですよ。

**ガンツ**　つまりスカウトですよね。

**立野**　それでブッキングされて、向こうで人気が出たんですけど、そのとき、ちょうど先輩たちが引退して人が足りなくなったんで、日本に帰されちゃったんです。

**ガンツ**　ダンプさんと大森ゆかりさんが引退して、帰国命令が出ちゃったんですよね。

**玉袋**　あー、桃色豚隊（ピンクトントン）か。

**立野**　もうレッスルマニアの出場も決まっていて、日本から衣装とかも取り寄せていたんですけど、「帰ってこい」って言われて。自分と五紀は全女しかプロレスを知らなかったんで、「プロレスができればどこでもいいか」って、戻ってきちゃって（笑）。

**玉袋**　もったいねえな〜。いま、ママがあの頃の自分に何か言えたら「あんた、そこじゃないよ！」って言ってるだろうな（笑）。

**立野**　「アメリカに残りなさい！」って言ってますね。残っていたら、いま頃プール付きの豪邸に住んでたかもしれないのに（笑）。

## 「ハーリー・レイスにかわいがってもらうって、極道の妻たちだよ（笑）」（玉袋）

**椎名**　当時はどこに住んでたんですか？

**立野**　ファビュラス・ムーラの家があって、そこの敷地内に建てたアパートに住んでましたね。
**椎名** それはニューヨーク？
**立野** 違います。サウスカロライナですね。彼女は凄いお金持ちで、本当に周囲一帯がムーラの土地で、住所も「ムーラ」ってなっているくらいでしたから。
**ガンツ** ムーラタウンなんですね（笑）。
**玉袋** ムツゴロウ王国みてえなもんだよ（笑）。
**立野** 敷地内に湖が2個あって、そこにムーラのお家と道場があって、アパートが何軒かあって、あとトレーラーハウスが3台並んでとか。
**椎名** 女子プロレスでそこまで稼げたってことですか？
**立野** いえ、ムーラは離婚太り（笑）。3回くらいしたみたいで。
**椎名** すげえな、アメリカ（笑）。
**立野** プロレスでも凄い稼いでると思うんですけど。ムーラに近い関係の人に「ムーラは凄いね！　プロレスだけでこんなに大きな家が持てるんだ！」って言ったら、「離婚で得たカネよ」って（笑）。
**玉袋** おそらくムーラも男を押さえ込むのが速かったんだよ。そっちの押さえ込みルールが強えっていう（笑）。
**立野** 私たちが行ったとき、ムーラはもう60歳過ぎてたんですけど、ちゃんと試合してて。ロープに飛ばしたら、ドナルドダックが走ってるみたいでしたけど、自分が60歳を過ぎてそんなことができるかっていったらできない。だから「この人は凄い人だな」って。
**椎名** 当時のWWFは、あとどんな人がいたんですか？
**立野** ハルク・ホーガンとかアンドレ・ザ・ジャイアントとか。
**玉袋** 全盛期だよ。
**立野** アンドレが小さいヤクルトみたいなのを飲んでると思ったら、大きなマグカップだったんですよ。指でつまんで持ってて（笑）。
**ガンツ** マグカップがお猪口ぐらいのサイズに見えて（笑）。
**玉袋** ファンタジーだよな～。
**ガンツ** 立野さんの時代のレスラーは、いまやみんなWWE殿堂入りしているような人たちばかりですもんね。
**立野** それと、みんな日本の団体に来てたんで、私たちにやさしくしてくれたんですよ。「俺は日本でよくしてもらったから、キミたちのことを面倒みるから安心してね」って言われたりとか。それで、ここ（二の腕）に孔雀の入れ墨をしてる人がね。
**椎名** ハーリー・レイスですね！
**立野** ボスだったんで、その人に凄いかわいがってもらって。
**玉袋** レイスにかわいがってもらうって、極道の妻たちだよ（笑）。
**立野** あとダイナマイト・キッドとデイビーボーイ・スミスもすごく面倒みてくれて。なので、一切いじめもなかったんです。普通はジェラシーとかで意地悪されたりするみたいなんですけど、全然なくて。
**ガンツ** バックにハーリー・レイスとキッド&スミスがいれば、怖いものなしですもんね（笑）。

**玉袋**　じゃあ、その3人に献杯するか！

**立野**　あっ、みんな亡くなったんですよね。

**ガンツ**　ハーリー・レイスも去年亡くなりましたから。

**椎名**　WWFにはどれぐらいの期間いたんですか？

**立野**　期間にすると半年くらいしか行ってないんですよ。2回に分けて行ったんですけど。

**椎名**　じゃあ、もっといたかったですね。

**立野**　私たちがいた頃、ちょうどホーガンが産休を取ったんですよ。ひとり目の子どもが生まれるっていうんで。そのとき、ビンス・マクマホンから「ホーガンが休んでいる間、エンジェルスにトップをやってもらうから。ここの団体で女子でトップをやったのはおまえたちしかいない。ホーガンが帰ってくるまで頼むね」って言われてたのに、日本に帰ってきちゃったんですよ。

**玉袋**　うわー、すげえ！

**椎名**　JBエンジェルスは、そこまで凄い人気だったんですね。

**ガンツ**　マッチョマン（ランディ・サベージ）がホーガンに代わってWWF世界王者になったことがありましたけど、あのときですよね。

**立野**　あのとき、ホントは自分たちがメインになるはずだったんですよ。

**玉袋**　じゃあ、立野さんはランディ・サベージやエリザベスとも一緒だったんだ。

**立野**　エリザベスは超綺麗だった。かわいくて。

**ガンツ**　エリザベスは〝同期〟みたいなもんですよね。

**立野**　たまに控室が一緒だったんですよ。そうするとサベージが5分間隔で「大丈夫か？」って来てて、それぐらい愛されてたのに離婚しちゃったんで。

**椎名**　愛しすぎて、嫉妬深くて、それがあまりにもうざったくなっていたと言いますよね。そういう意味では、マッチョマンもクレイジーで。

## 「いまだから言えるんですけど、LLPWの旗揚げはメガネスーパーだったんですよ」（立野）

**ガンツ**　リング上の純愛ストーリーより、実生活のほうがもっと凄かったという（笑）。

**立野**　控室のほうがもっと濃いですよ。

**玉袋**　それでも離婚しちゃうんだもんな。

**立野**　旦那のほうは病んだんでしょうね。

**玉袋**　でも最高のコンビだったよ。あのふたりにも献杯だな。いちいち献杯しなきゃいけねえよ（笑）。

**椎名**　あの世代、みんな死んじゃってますもんね（笑）。

**玉袋**　でも立野さんに聞きたいのは、中学卒業して、何もわからないまま全女に入り、何もわからないままアメリカに行っちゃったわけでしょ？

**立野** そうなんですよ。「とりあえず試合すればいいんだよね?」みたいな。

**玉袋** でも全女を辞めたあとは、食っていくためにシャバに出なきゃいけないわけじゃない。それで、こういうアットホームな店をしっかり持てるようになったっていうのは、どういうことなの?

**立野** アメリカから帰国したあと、当時ジャパン女子にいたハーレー(斉藤)と知り合ったことが大きかったんですよ。ハーレーを応援してくれていたオカマの人がいるんですけど、その人を紹介してもらって、そのオカマの人から〝外の世界〟っていうのを教わったんです。「何かをしてもらったら、かならずお礼を言いなさい」とか基本的なことから。

**玉袋** それは大事なことだよ。

**立野** 「しかもその場で言うんじゃなくて、次の日にちゃんと電話で伝えなさい」と。「あなたたちは地方に行くんだから、たとえ1000円のものでもいいからお土産を買っていきなさい」とか、そういうことすべてを教えてもらっていまに至るなんですよ。

**ガンツ** ちょうど全女を辞める前に、そういう出会いがあったんですね。

**立野** そうなんです。「付き人がついたら、お給料をもらったときにでもご飯に連れて行ってあげなさい。お小遣いをあげなさい」とか。全女のときって後輩を当たり前のように小間使いにしていたのに、アメリカ遠征から帰ってきて変わったんですよね。その前にお酒はアメリカで覚えて。

**玉袋** ハーレーちゃんとは別の団体だったのに、どういうきっかけで出会いがあったの?

**立野** この出会いも五紀のおかげなんです。

**ガンツ** 五紀さんは、立野さんより先に全女を引退して、ジャパン女子に行ったんですよね。

**立野** デビルさんが最初に行っていて、五紀は引退したんだけど、やっぱりプロレスが好きだっていうのでジャパンに行って。

**ガンツ** なるほど。デビルさんのルートで五紀さんもっていうことになったんですね。

**立野** 私、アメリカに行くまではプロレスって全女しか認めていなかったんですよ。でもアメリカに行って、たまたまテレビをつけたらどろんこレスリングの女子プロをやってるのを観てショックを受けて。いろんなプロレスがあるんだって21歳になって初めて気づいたんですよ。それで日本に帰ったらジャパンを見てみようと思ったんですね。それで五紀がジャパンに行ってからいろんな人と仲良くなって。

**玉袋** 結局、全女はカルトだから。閉じた世界でみんなやっていたわけだもんね。

**立野** ホントそうです。その世界しか知らないんで。

**玉袋** でも立野さんは、全女を辞める前にそれがわかったっていうのが、いまにつながってるんだろうな。

立野　ホントに非常識だったんだなって思いましたね。
ガンツ　それで全女を引退後、ＬＬＰＷに参加するわけですよね。
立野　引退したとき、ちょうど全女がカラオケ屋をやっていて、新たに中延店ができたときだったんで「おまえ、店長をやってくれよ」って言われて、「まあ、いいですよ」って引き受けたんですよ。そこで初めて立ち仕事って大変なんだって知って、しかもお給料もバイト代みたいな額しかもらえなかったんです。25になって「ちょっと、これじゃ家賃が払えない……」と思って。
ガンツ　それまでプロとしてちゃんと稼いでいた分、収入の落差が大きかったわけですね。それでハーレーさんとの人間関係から、ＬＬＰＷに入ることになると。
立野　そうですね。当時は女子プロレス団体がいっぱいあったときだったんで、すべての団体から声をかけていただいたんですけど、そのなかでＬＬＰＷがいちばんスポンサーが大きかったのと、私も大人として安定したかったので。
玉袋　ＬＬＰＷのケツモチは誰だったんだっけ？
立野　メガネスーパーだったんですよ。いまだから言えるんですけど。
ガンツ　ＳＷＳがバッシングされてた時期でもあったから、バックにメガネスーパーがいることを公表していなかったんですよね（笑）。
立野　あと女子プロレスだったんで、田中八郎（メガネスーパー社長・当時）さんの奥さんがやきもちを妬いちゃって。旗揚げのお金だけ出してくれたんです。「嫁がダメって言うから、ごめんな！」って。
ガンツ　それも凄い話ですよね（笑）。
玉袋　でも、それが夫婦なんだよ～。
立野　しかも、その旗揚げのお金もフロントで手伝っていた人に持ち逃げされてしまって。
椎名　えーっ!?　お金を持ち逃げされてどうなったんですか？
立野　旗揚げできなくなりそうだったんだけど、そこで天龍（源一郎）さんが応援してくれたんですよ。天龍さんも当時メガネスーパー（ＳＷＳ）に関わっていたので、その話を風間（ルミ）さんがしたら「俺のタニマチが貸してくれるかどうかはわからないけど、いいタニマチがいるからそれに借りろ」って天龍さんが話を通してくれて。そのタニマチさんがお金を出してくれたことで旗揚げできたんですね。
椎名　そんな裏話があったんですね！

## 「そのＷＷＦにいた期間の短さも素敵じゃないですか。一瞬の輝きが世界中で伝説になってるっていうね」（玉袋）

玉袋　天龍さんの男気エピソードがここでも出てきたよ。いろんなところに出てくるんだよな～。
立野　なので天龍さんは、ＷＡＲにもウチらを上げてくれていたんです。
玉袋　それでのちに神取さんと試合して、ボコボコにしたっていうね（笑）。

**立野** あれは神取さんが「絶対に天龍さんとやりたい」って言って、直接お願いしたんですよ。そうしたら天龍さんが「俺は本気でやるよ。いいのか？」って。そうやって了承済みで試合したんですけど、神取さんの顔がこんなに腫れ上がっちゃって。だから私は天龍さんが好きなんですよ。女子相手でもあそこまでやる天龍さんが凄いなって。

**椎名** ちゃんと「対戦相手」として容赦しなかったってことですもんね。

**立野** でも天龍さんからすると、普通はあれくらい殴ったら開くらしいんですよ。

**ガンツ** パカッと割れるってことですね。

**立野** 開いたらあんなに腫れないんだけど、開かなかったんで。

**椎名** 神取さんの面の皮が厚かったんですね（笑）。

**立野** そうしたら天龍さんが試合後、「神取に言っておけ。生卵をコロコロしたら腫れが治るから」って。

**椎名** ザ・民間療法（笑）。

**立野** 相撲のときの治し方だって。それがホントに腫れに効くんですよ。生卵をコロコロなんて原始的と思っていたら、ホントみるみる腫れが引いていったんで。

**椎名** へえ〜！

**立野** 卵が腫れを吸収してくれて。天龍さんはちゃんと試合後も気にしてくれていたんです。

**ガンツ** やっぱりＷＡＲとＬＬＰＷという組み合わせがいいですよね。ボクは「水割りの味がする大人の団体」って呼んでるんですけど（笑）。

**玉袋** スナックの香りがしたよな（笑）。立野さん自身、中学を卒業して全女に入って、アメリカを経て、いろんな人と出会って大人になっていくっていうね。そういう女子レスラーの人生ってドラマにしなきゃいけないって思っちゃう。だって嫌だもん、全女みたいな素晴らしい時代があったのに、もう跡形もなくなり、あれを知る人も少なくなっていくっていうね。

**立野** 全女がなくなったのは、とても悲しかったですね。

**玉袋** あれがひとつの物語作品として残ってねえのがファンとして嫌なの。村西とおる監督のクリスタル映像だって、滅びて何年も経ってから『全裸監督』としてあれだけの映像作品になったわけだから。女子プロレスにも『輝きたいの』っていうドラマがあったけどね。

**立野** 凄い、知ってるんですね。

**玉袋** 俺は女子レスラーたちの生き様や、あの凄い時代をドラマで残してほしいな。俺は女子レスラーの人たちともたくさん対談させてもらってきたけど、みんな凄い人生送ってるもん。昔は片親だったり、家が貧しかった人なんかもいたりしてさ。でもリングであれだけ輝いたっていうね。

**椎名** でも立野さんは21歳でニューヨークのあれだけ華やかなとこ

ろで試合をやって、現地の人たちを魅了したっていうのが凄いですよね。夢があるなあ。

**ガンツ**　ＪＢエンジェルスの試合が全米中継されていたわけですからね。

**立野**　カナダのトロントで（ＷＷＦ世界女子タッグの）タイトルを獲ったんですけど、そのとき初めて向こうで3本勝負をやったんですよ。

**椎名**　あっ、向こうではなかったんですか？

**立野**　女子ではなかったみたいなんです。でも、たぶん会社が私たちの試合をたくさん見せたかったから3本勝負にして。

**玉袋**　そんだけ売れたわけだもんな～。でも当時の向こうってのはまだ差別とかもあったんじゃないの？

**立野**　やっぱり最初はブーイングから始まりましたね。「フロム・ジャパン」ってコールされるだけでブーイングみたいな。

**玉袋**　それをひっくり返した瞬間っていうのは気持ちいいでしょ？

**立野**　もう一瞬で歓声に変わりましたね。私たちのような動きをしたプロレスが向こうではなかったので。それで私たちが試合をすると、男子レスラーたちも控室から出てきて、試合を観るようになったんですよ。で、そのあとに私たちのダブル攻撃とかが盗まれちゃったりしてて（笑）。

**玉袋**　ウチの師匠がツービートの結成した頃に「ツービートってのがおもしろいぞ」となって、浅草の松竹演芸場にツービートが出るとベテランがみんな観に来たっていうじゃん。それとシンクロしてるよ。

**立野**　いまは五紀がニューヨークに住んでるんで。「いま思うけどさ、私たちって相当有名な新聞にも出てたんだよ」って話をして。

**椎名**　当時は価値がわからないですもんね。

**立野**　五紀はもう20年以上、向こうに住んでるんで「私たち、けっこう凄いことをやってたんだよね」なんて言って。

**ガンツ**　だから、そろそろＪＢエンジェルスもＷＷＥ殿堂入りしてほしいんですけどね。

**立野**　だけど私たちは期間が短かったんで、それはないと思います。

**玉袋**　だけどその短さも素敵じゃないですか。一瞬の輝きが伝説になってるっていうね。

**立野**　いまでも五紀とは「私たちがもっと社会を知ってたらね～」って笑いながら話してますよ。

**椎名**　ホントですね。プロレス史に相当名を残していたはずだから。

**玉袋**　それをあっさり帰国させる松永兄弟っていうね（笑）。悔しいね～！

**立野**　でも、もしずっと向こうに行ってたらこの店はないので。そう思えば、ここでいろんな出会いがあって、楽しくやっているいまが幸せだからいいかなって。

**玉袋**　いや～、たまらんね。俺はもうママに惚れちゃったよ。ママ、ビールもう1本ちょうだい！

全日本
スナック

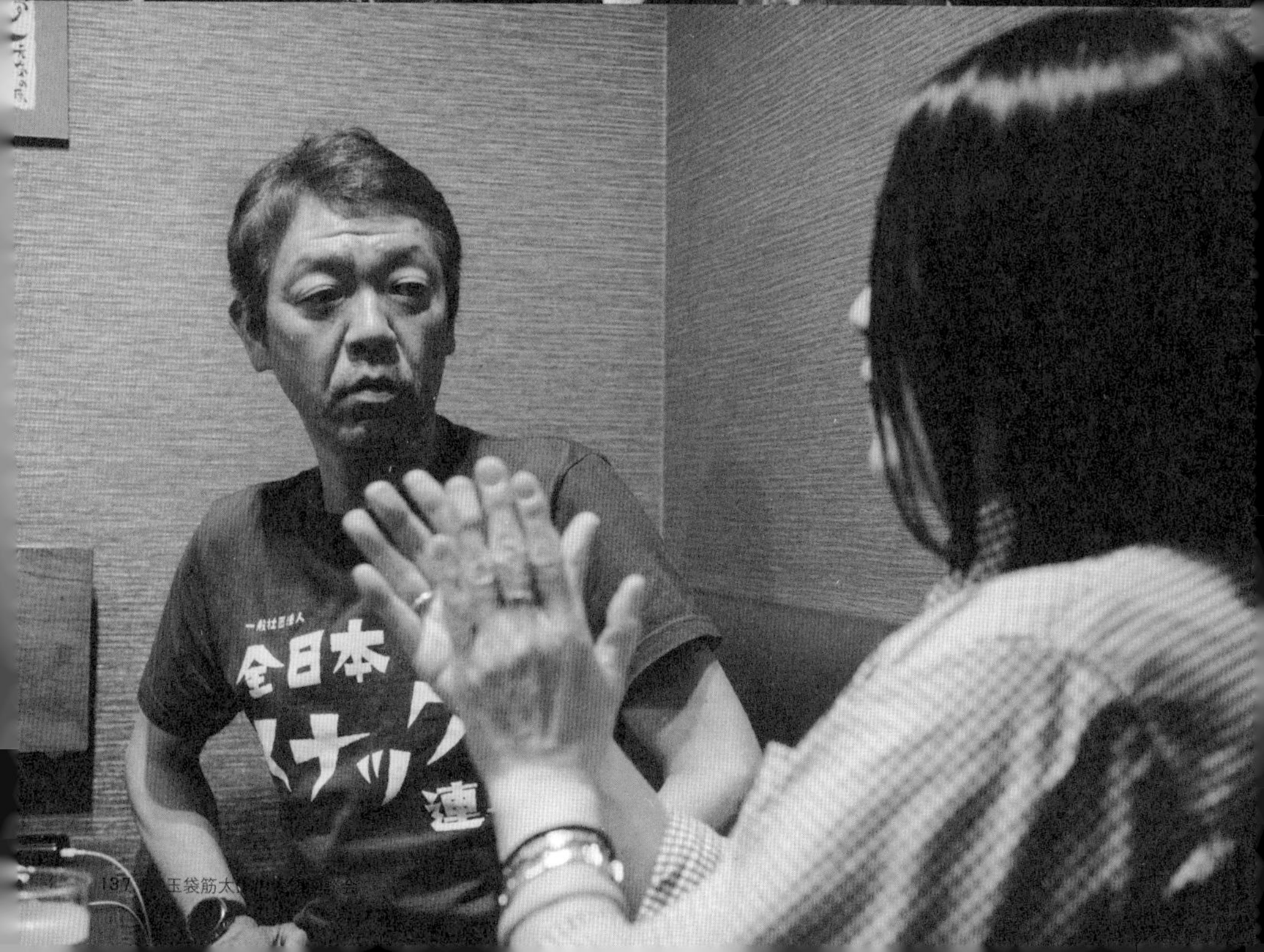
一般社団法人
全日本

## 自己投影観戦記 できれば強くなりたかった

# 第98回 ダーク・サイド・オブ・ザ・リング「ブロディの刺殺事件」

（※ネタバレ注意）

椎名基樹

椎名基樹（しいな・もとき）1968年4月11日生まれ。放送作家。コラムニスト。

現在Huluで配信中のプロレスドキュメンタリー『ダーク・サイド・オブ・ザ・リング』は必見だ。2019年に初回放送されたシーズン1の、6つのエピソードが視聴可能である。その第1話が「ブルーザー・ブロディの死」。ホセ・ゴンザレスによるブロディ刺殺事件が生々しく語られている。

プエルトリコのプロレス団体WWCはカルロス・コロン、ビクター・ジョビカ、ゴリラ・モンスーンの3人が創立した。ボスはカルロス・コロンで、ホセ・ゴンザレスはその右腕でブッカー担当。WWCのアングルはホセが決めていた。ブロディとホセはまったく馬が合わず、ブロディは無敵の超獣のキャラクターを守るため、常にホセ・ゴンザレスを力でねじ伏せた。ブロディには嫌いなヤツは徹底的に痛めつける冷酷な部分があった。2人の因縁は70年代後半に遡る。スター候補として育てられていた、ホセ・ゴンザレスをブロディは徹底的に痛めつけた。カボチャのように顔を腫らして、病院送りにされたホセは「いつかヤツを殺す」と言ったという。

ブロディは日本で稼いだ金で、ゴリラ・モンスーンから株を取得しWWCの乗っ取りを企てていた。ホセ・ゴンザレスは刺殺事件の3カ月前に娘を事故で亡くす。そんな時に大嫌いなブロディが自分を失業させるためにやってきたのだった。

このドキュメンタリーの主な語り部は、ブロディ刺殺事件をもっとも間近で見ていたトニー・アトラスである。「ずっと話したかったことを話していいか？　ずっと胸にしまっている話を」と、意を決したように切り出して、ブロディが殺された顛末を語り出す。

その日、ブロディは試合前にアトラスを食事に誘った。食事中、ブロディは「ここに入るのに長く待たされた。これから大きく変わるぞ」とアトラスに語った。アトラスはブロディがオーナーになったのだと思った。

アトラスはその後、ホテル前の階段に座るブロディと出くわす。ホセ・ゴンザレスが迎えに来るのを待っていると言う。アトラスは「目玉選手をブッカーが迎えに来ないのは変だ」と感じる。結局ブロディと共に会場に向かった。

会場に着くと、異様な雰囲気が漂っていた。ホセ・ゴンザレス、カルロス・コロン、ビクター・ジョビカが無言で向かい合って座っていた。やがてホセが出ていった。雰囲気は異様なままだった。その中、アトラスは絵を描き始めた。ブロディはそれを覗き込んで満面の笑みで「うまいな」と言った。ブロディは俺にも書いてくれと言って小さなポーチから息子の写真を取り出した。

そこにホセが戻ってきた。手にタオルが巻かれていた。「ブロディ、少し話せるか？」と言った。ブロディは応じて、カバンと息子の写真を手に持って、シャワールームに向かった。しばらくすると「おお」と言うブロディのうめき声が聞こえた。ホセが目を真っ赤に血走らせていた。ナイフが見えた。振り上げられた刃から血が滴っていた。アトラスはとっさにブロディの身体を引き寄せ、喉を裂かれるのを防いだ。代わりにブロディの束ねた髪の毛が落ちた。

アトラスはブロディを床に寝かせた。腸が出るほどの傷だった。ブロディは「ヤツらを俺に近づけないでくれ」と言った。「ヤツら」という言葉でアトラスは単独犯ではないと思った。コロンが近づいてきたので、アトラスは「おまえが刺したんだ」と言うとコロンは否定した。するとブロディが「彼を来させてやれ」と言った。コロンが「俺に何かできることがあるか？」と言うと、ブロディは「家族を頼む。妻に愛していると伝えてくれ」と言った。

救急車が来るまで45分ほどかかった。救急隊員が誰か一緒に乗り込んで声をかけてあげてくださいと言うので、アトラスが乗り込んだ。「関わるなんて馬鹿だ」アトラスはほかのレスラーの無言の声を聞いた。救急車の中でブロディはずっと息子の写真を握り締めていた。アトラスは「大丈夫だ。そばにいるからな」と声をかけ続けた。プロレス界には「引退のとき、真の友がひとりいれば幸運だ」そんな格言があるという。

病院に到着しても一向に診察はされなかった。アトラスが医者に問い詰めると「刺傷などここでは風邪と同じです」と言った。アトラスは医者を肩まで担ぎ上げ、ブロディのもとに運び、傷を見せると医者はようやくスタッフを呼び集めた。

アトラスが会場に戻ると、控え室にはまだブロディの血が乾かず残っていた。しかしほかのレスラーは冗談を言いながら、いい試合だったと褒め合っていた。アトラスは怒って椅子を放り投げた。すると警官が「落ち着いて。キミはブロディを刺したファンの顔を見たのか？」と言った。レスラー皆が、ブロディは廊下でファンに刺されよろめきながら控え室に戻ってきたと証言していた。アトラスは「大嘘だ、刺したのはあそこにいる男だ」とホセを指差した。ホセは平然と道具をバックにしまい帰り支度をしていた。

アトラスはその日アイアンシークと闘った。試合後、サビオ・ベガ（TNT）が言った。「あんたの荷物を持ってきてやったぜ。部屋には戻るな、探されてるぞ。あんたが警察にしゃべったから」。アトラスは荷物を受け取りビーチに出て一晩中歩き続けた。眠ろうとしても、物音がするたびに飛び起きた。ホセ・ゴンザレスは3〜4日後、逮捕された。しかし即座に保釈金が支払われてその日のうちに帰宅した。ホセ・ゴンザレスは正当防衛で無罪判決となった。

ブロディを、天国に送り出したのは、全日本プロレスのリングだった。

THE PEHLWANS

［五木田智央］

TARZAN Tシャツ

［ShinsukeNakamura］

CHOSHU RIKI Tシャツ

https://thepehlwans.stores.jp

# 中邑画伯のぬりえコーナー

## 第25回『ギャオ!!』

キミはもう長州力の公式YouTubeチャンネル『RIKI CHANNEL』を観たか、コラッ!! その中で長州さんは中邑画伯と対談しているんだけど、これはそのとき始まった似顔絵対決で画伯が描いた長州さんだ。長州さんが描いた画伯は番組をチェック！

ぬったイラストを写真に撮って、ツイッターやインスタグラムなどに投稿してみよう。そのときはかならず「＃中邑画伯」を忘れずに。そうしたら、みんなの作品を中邑画伯や編集部員たちが見つけてニンマリすることができるから！

# 兵庫慎司のプロレスとはまったく関係なくはない話

## 第59回　「テル子女神像」の話

兵庫慎司

(ひょうご・しんじ) 1968年生まれ、広島出身、東京在住。音楽などのライター。週刊誌や月刊誌や音楽雑誌、音楽ウェブメディア等で、世の中がなんともない頃は仕事していました。2019年11月21日に発売になった著書「ユニコーン『服部』ザ・インサイド・ストーリー」(リットーミュージック)、各通販サイトで買えます。

「テル子女神像」をご存知だろうか。

って、「知らねえよ」前提で書いているが、東急田園都市線三軒茶屋駅から徒歩7～8分くらいかな、クルマがすれ違うのも難しいくらいの路地の住宅地の中に、それはある。家と家との間の、広めの住宅一画分くらいの空き地。もともとは駐車場だったと思しき地形だが、使わなくなって長年放置、草が青々と伸び放題、みたいな場所。そのまんなかに「テル子女神像」はあるのだ。

検索をかけると一発で写真が出るので、ぜひご覧いただきたいが、ごく普通の女性の胸像だ。いかがでしょう。わけがわからないでしょう。胸像とかの類いって、普通、校庭とか公園とか駅前広場とかにあるものであって、「このへんでこのくらいの土地ってけっこういい値よね？　なんでほったらかしなんだろう？」という、住宅街の空き地に似つかわしいもんでは、決してない。なんなんだろう。

それも、検索をかけると簡単にわかる。その「テル子」本人と遭遇した、という人がブログを書いているのだ。曰く、大量の花が供えられたその像を見ていたら、「立入禁止××テル子」という札があり、「え、テル子ご存命なの？」と驚いていると、老婆が近づいて来て「どちらさまですか？　何か用ですか？」。で、像について尋ねると、「テル子は私です。私がこの像を建てました」。

彼女はこの土地の持ち主で、隣の家に住んでいるそうだ。で、何十年もの間、このあたりで事故等で亡くなった猫を、ここに埋めて、弔ってきたのだという。その数、全部で37体。数年前にご主人の勧めで、この女神像を建てることにしたという。「猫にも心があるんですから」と、毎日像を磨き、手入れを欠かさないという。この像の説明書きの看板は作らないんですか？と、ブログを書いた人が問うたところ、「要は心ですから、わざわざ説明するつもりはありません」と答えたそうだ。

なるほどお。そうかあ、そういう事情

だったのかあ。納得。

ってなります？　なりませんよね。むしろ「なぜ?の嵐」が吹き荒れるばかりですよね、吉沢秋絵のデビュー・シングルのように。

ここに猫、37匹も埋まっとんのかい！　ということは、まあ、棚に上げてもいい。彼女の土地であるなら、何を埋めようが自由だろうし、毒物とかじゃない限り。

しかしですね。何十年もかけて集めたとはいえ、猫ってそんなにしょっちゅうそのへんでゴロゴロ死んでるもの？　普通に見つけたとしたら、37匹まで何年くらいかかる？　もしかして普通に見つけてなかったとしたら……という、考えると怖い方向に、まっしぐらに進んで行きそうな疑問が、まずひとつ。

そしてだ。猫を埋葬した土地に、弔いのシンボルとして建てるなら、猫の像じゃない？　もしくは、墓碑とかじゃない？　なんでそこで自分の胸像なの？　しかも自らを「女神」まで格上げして。大きく出過ぎじゃないでしょうか？　弔う人が偉い人、猫にとってありがたい人、というのはわかるけど、そのあなたの理屈をトレースすると、葬式でお供をあげてくれたお坊さんはみんな「御釈迦様」を名乗っていいことになっちゃうじゃないですか、だって。

それにだ。自分の胸像を日々丁寧に磨いて花を手向ける、という行為も、さらにわけがわからない。亡くなってないでしょ、あなた。「亡くなったのは、猫たちです」。いや、そうよね、だから、だったら猫の像か墓碑の方が気持ちを入れやすいですよね。なんでそこで……。

と、情報が増えれば増えるほどわからなくなる、考えれば考えるほどこんがらがる、三茶の街のミステリーなのだった。

はい、以上です。以下余談。この『KAMINOGE』の連載の催促を、今回のような気持ちで待ったのは、初めてだった。

まず「毎月この日を目安にしてくださいね」という、一応の決まりはあるが、その日をすぎてもまず連絡してこない、山本編集長は。で、3日なり4日なりがすぎたあたりで、「明日が入稿日です」とか「今日が入稿日です、お願いします」というメールが届く。慌てて書いて送る。

というのが毎月のルーティンなのだが、今月は、連絡があるまで書かなかった理由が、もうひとつあった。書いていいのかどうか、判断がつかなかったのです。なんで。わからないから、『KAMINOGE』が出るかどうかが。

だって、大手出版社のマンガ雑誌とかが、根こそぎ休んでいるこのご時世ですよ？　あっちもこっちも1号飛ばしですよ。どこもかしこも駐車場ですよ。猫が埋まってますよ、37匹。

僕がレギュラーで書いている中でも、たとえば『週刊SPA!』はそのまま出ているが、文藝春秋の女性誌『CREA』は、1号休み（今のところ）になった。無理もないと思う。取材とかできないんだから。ましてや『KAMINOGE』、実質山本編集長がひとりで編集している本で、誌面の8割以上がインタビュー記事、「無理だなこれは」ってなるでしょ、どうしたって。だもんで、「あさって入稿です」とショートメールが届いて「えっ、出すんだ?」と驚いたのでした。でも、安心しました。ではまた次号。

# TARZAN by TARZAN
ターザン バイ ターザン

はたして定義王・ターザン山本！は、ターザン山本！を定義することができるのか？「あの大阪の佐山と前田の試合は『もうUWFは終わる』という理屈をつけるために相談してやった試合なんよ。暗黙の示し合わせ。ああいう試合をやれば理屈が合うし、プロレスファンやマスコミも興奮する。だからあれは離婚成立の儀式だったんですよ！」

イラスト：五木田智央　聞き手：井上崇宏

# 第1次UWF

第十章

## 「俺はプロレスマスコミ史上初めて『道場論』っていうのを展開したんよ」

――今回は『週刊プロレス』と第1次UWF」をテーマにお話を伺えたらと思っているんですけど、山本さんが最初に前田日明という男にピントが合ったときのことって憶えてますか？

**山本**　あのね、最初は前田日明とはほとんど接点がないんですよ。前田が新日本プロレスの合宿所で寮長をやっていた頃、俺は新日本の道場には何回も取材に行ってるわけですよ。用事もないのにさ。

――用事もないのに道場に出入りしていたんですか。

**山本**　なんのために行くかっていうと、ちゃんこ鍋が食べたいからですよ！（笑）。新日本の道場は朝10時から合同練習をしているから、そこにレスラーのみなさんが集まるわけですよ。で、昼の12時前に終わるんだけど、その練習というのは取材できないんですよ。だから俺らは昼までボケーッと待っているわけですよ。

――道場には入れないので、隣の合宿所で待機しているわけですね。

**山本**　そうそう。合宿所の1階にテレビが置いてある広間があって、そこでじっと待っているわけですよぉ。

――そのとき山本さんはひとりですか？

**山本**　俺はカメラマンなしでいつもひとりで行ってたんよ。

――他誌（紙）の記者とかはいないんですか？

**山本**　たまにいたりもするけど、ほとんどいないんよ。だからだいたい俺ひとりですよ。

――じゃあ、その空間は独占状態で。

**山本**　要するに俺は遊びに行ってるから。

――新日本の道場に遊びに行くって発想がわかんないです（笑）。

**山本**　やっぱり俺はあの道場の雰囲気が好きなんよね。それで、のちに俺はプロレスマスコミ史上初めて「道場論」っていうのを展開したんよ。プロレスとは道場が命であり、根幹であると。「太くて大きな幹がしっかりしていないと、プロレスは成り立たないんだ」ということを俺は新日本プロレスの猪木イズムを持ち出し、道場論ということで連載していたわけですよ。そこで「とにかく道場がすべてだ」っていうことを書いた。それがのちのUWFに繋がっていくわけですよぉ！道場で強いヤツこそが本当に強いレスラーなんだと。表側のプロレスはテレビカメラやお客さんの前でやるものだけど、その裏面として「道場には本当に強いヤツがいる」という神話を作らなきゃいけなかった。いや、作るというか、むしろその根拠があの頃の新日本の道場にはあったんですよ。それを証明するために俺は打って出たわけですよ！

――新日本プロレスの道場論を展開したのは山本さんが初だったんですか？

**山本**　「道場論」という言葉を展開して、道場にイデオロギーを持た

TARZAN by TARZAN

せる、ストロングスタイルの原点はここであるとやったのは俺ですよ。興行としてのスター、ビジネスとしてショーアップされた表の世界ではなく、それを裏づけるストロングスタイルは間違いなく道場にあったんだから。その道場に注目しなきゃいけないという意識が俺にはあったんですよ。

——道場に日々遊びに行っていたからこそ、そういう発想が生まれたんでしょうね。

**山本** それと俺たちは力道山時代から、とにかくレスラーは道場でしごかれるという話を聞いているわけでしょ。スクワットを何千回やらされたとかさ。それが力道山イズムであり、道場がレスラースピリットを育てるための最大空間であるということを知っていたので、俺は道場の実態を見てみたくなったんよ！　だけど……全日本プロレスの道場には1回も行ったことがないんだよね（笑）。

——えっ、1回も（笑）。

**山本** どうせ行っても歓迎されないからね。こっちは猪木派だから。

——「おまえ、いったい何しに来た？」と言われるのがオチ。

**山本** とにかく新日本はきちっと朝10時から集中して合同練習をやっているわけですよ。俺はそのストロングスタイルの実態、バックボーンを絶対に伝えなきゃいけないという使命感で通っていたんですよ。ただ遊びに行っていたわけじゃないんですよ！

——自分で遊びに行っていたって言ったんじゃないですか。

**山本** それで合同練習が終わったらさ、星野勘太郎さんとか坂口征二さんが俺に「メシ食っていけよ！」って言うんだよね。それで俺は選手が食う前にちゃんこを食ってたんだけど（笑）。

——一番風呂ならぬ一番鍋を食ってた（笑）。

**山本** 一番鍋を食うわけですよぉ！　とんでもなくデカい鍋にニラがいっぱい入っていてさ、上に豚バラ肉がバーッと散らばってるわけよ。俺はそれを見て興奮したねえ！

——興奮（笑）。

**山本** いちばんビックリしたのはさ、どんぶりを持ってくるんだけど、その中に大根おろしとポン酢を混ぜておいてあるんよ。そこに豚バラやニラをつけて食べるんですけど、それが消化にいいらしいんだよね。で、たしかにそうなんだよ。そこで俺は「ちゃんこ鍋にはかならず大根おろしにポン酢だ」ということを学んで、自分の家でも新日本そのままの鍋を作って何回もパーティーをやったんよ。そうしたらみんな大喜びするわけですよ。俺は人気者ですよぉ！

——大根おろしは消化にいいって言いますもんね。

**山本** 豚バラちゃんこに大根おろしとポン酢！　これはもう俺のなかでは鉄板ですよ！　あれから俺は豚バラが好きになったんよね。そんな感じで合宿所でメシを食わせてもらっていたんだけど、そのときになぜか前田はいないんよ。

## 「やっぱり前田が浮上したのは1984年の第1次UWFからなんですよ」

——寮長なのに？

**山本**　ちゃんこを作っていたのは常に山崎（一夫）だったり、それといつ行ってもにっこりと笑ってデカい声で挨拶してくるのは髙田伸彦（現・延彦）なんですよ。そのふたりの印象に残っているんだけど、前田は俺の視界には入っていないんよ。

——でも、いたはいたんですよね？

**山本**　いや、いたという記憶もないんよ。ただ当時、前田とジョージ高野のふたりは「新人類」って呼ばれていて、まるでUFOみたいだと。

——宇宙人じゃなくて。

**山本**　要するに「何を言ってるのかわからない」と。特にジョージ高野は何を言ってるのかわからない、前田日明もなんか難しいことばっか言っている。だから先輩たちからはちょっと変な目で見られていたんだよね。

——煙たがれているような。

**山本**　そうそう。それで髙田なんかは太れないからってことで、いつも牛乳にプロテインを入れてガブガブ飲んでいるわけだけど、一向に太らないんだよね。そういうシーンは鮮明に憶えてるんだけど、俺の記憶のなかに前田の姿は入っていないんよ！

——前田日明の印象が薄いって、そんな空間ありますか？

**山本**　少なくとも俺のなかではないんですよ。で、ジョージ高野は当時バイクを乗ってたんよ。あの人は人がいいからさ、ある日、俺をバイクのうしろに乗っけてくれて一緒に多摩川をぶっ飛ばしたことがあってさ。

——ジョージとターザンの2ケツって嫌ですね（笑）。

**山本**　そういうこともあったんだよ。でも、あとあと前田日明は「ストロングスタイルは猪木さんじゃなくて山本小鉄さんが作った。自分はその小鉄さんに育てられた」って何回も言うでしょ？

——言いますよね。それは山本さんの見方としてはどうですか？

**山本**　いや、とにかく前田が偉いのは、山本小鉄という人をちゃんと評価する能力があるわけですよ。自分はもともと空手をやっていて、そこからプロレスのスピリットを叩き込まれて洗脳されていくんだけど、その実態は猪木さんじゃなくて山本小鉄だったというところに前田日明の特徴があるんですよ。つまり彼はいちばん近い人、身近に接していた人の感覚を大事にするわけですよ。

——あー、たしかにそうですね。

**山本**　猪木さんはどうしても遠い存在じゃない。とにかくそこが前田の特徴で、あそこまで小鉄さんのことを凄いと言い続けた人、「新日イズムとは山本小鉄である」と言い続けた人は前田日明ただひとりなんですよ。ほかの人は山本小鉄が偉いとは誰も言わなかったんよ。

——意外とそうなんですよね。

**山本**　ほかのレスラーの口から小鉄さんのことを褒めちぎるとか、お世話になったっていう言葉はあまり聞かれないんだよ！　その前田の優れた感覚、他者を評価する、立てる、敬意を表するといった発言がのちに出てくるわけですよ。それで話を戻すとさ、レスラーはみんな練習が終わって飯を食ったら、ちょろちょろっと遊んでパッと帰るんだけど、そこでまた俺がひとり残ってるわけですよ。そうしたら今度は14時くらいに「風呂に入っていけ」って言われるんよ（笑）。

――誰よりも早くメシを食って、みんなが帰ったあとに風呂まで入る（笑）。

**山本**　選手がひとりもいないからシーンとしているんですよ。そこで俺がのんびりとあったかい風呂に入るっていう（笑）。

――でっかい風呂で（笑）。

**山本**　マスコミで新日本の風呂に入ったのは俺だけだろうね！

――そんなたいして汗もかいていないくせに。新日本の合宿所を健康ランド扱いしていたのは山本さんだけでしょうね（笑）。

**山本**　タダ飯を食ってねえ。そういうとき、髙田なんかは要領がいいので自然と自己アピールをしてくるんだよね。俺が道場に入って行くといつも愛想のいい接し方をしてくれたんだけど、前田はそんなことがなかったから俺はほとんど接触していない。それから新日本プロレスでいろんな出来事が起きるわけだけど、前田はイギリスに遠征したでしょ。佐山サトルがイギリスでやっていたサミー・リーの弟分ということで。

――クイック・キック・リー。

**山本**　あの頃も俺は前田を取材していないし、のちにヨーロッパヘビー級チャンピオンとして日本に帰ってきてからも取材していないんよ。要するに俺は前田日明のことをまったく取材してないんよ！

――でも、それはその後の関係性のひとつのカギとなりそうですね。

**山本**　それが溜めになってるわけですよぉ。やっぱり前田が浮上したのは1984年の第1次ＵＷＦからなんですよ。あのとき、猪木が前田に「おまえ、先に行っておけ」と言って、前田はＵＷＦに行くでしょ。あそこで俺はスイッチが入ったんよ！

## 「猪木さんのなかでの罪悪感みたいなものがあって、藤原組長と髙田をＵＷＦに1週間貸したんだよね」

――そこで初めてピントが合ったと。

**山本**　ピントが合った！　前田がＵＷＦに行き、そのあとラッシャー木村と剛竜馬も行ったんよ。それで4月にＵＷＦが旗揚げしたんだけど、ラッシャー木村と剛竜馬は1月と2月の新日本のシリーズからいなくなってるんですよ。彼らがなぜ消えたのか、最初はわからなかったんだけど、のちになって「ああ、そういうことだったか」とわかってくるわけですよ。つまり彼らは新日本生粋のレスラーではないでしょ？

――外様ですね。

**山本**　あれは外様だから追っ払ったんですよ。猪木さんは社長だから自分のところの生粋のレスラーを行かせることができないから、都合よくラッシャー木村と剛竜馬が追い出されたわけですよ。その彼らと前田をドッキングさせて、それと新間（寿）さんのルートでグラン浜田も合流してＵＷＦの根幹ができたんだけど、とにかく脆弱で、そのときのＵＷＦには格闘技という原型が何もないわけですよ。そうして前田は孤独に追い詰められたわけだけど、そのことで結果的に俺の前田幻想にスイッチが入ったんよ！

——前田日明というか、その状況に置かれた前田日明にですね。

**山本**　要するにさ、あれは人さらいみたいなもんよ。人さらいというか、人買いに売り飛ばしたみたいな。

——「おまえは今日からそこで生きるんだ」と。

**山本**　そうそう。昔、極真空手とかで「おまえ、ちょっと四国に行ってこい」とか「ブラジルに行ってこい」とかっていう絶対的命令があったでしょ。あれと同じことを猪木さんは前田に対してやったわけだから、もう絶対服従なわけですよ。だけど、そこで「なんで俺は新日本に入ったのにそっちに行かなきゃいけないんだ！」ってなるのは当然じゃない。でも猪木さんに「俺もあとから行く」って言われてさ、その頃の前田ってもの凄く純粋じゃない。その前田の不安感と孤独感が俺にはたまらなくてねえ。

——それで、すぐに会ったりしたんですか？

**山本**　すぐに俺は前田を取材しようと思って、湘南ジムっていうところに行ったんですよ。そこで前田がひとり寂しく練習しているらしいということを聞いて、俺はわざわざその湘南ジムまで行ってさ、前田がひとりでトレーニングしている姿をインタビュー取材したんだけど、そのときの前田のめちゃくちゃ寂しそうな雰囲気！　それが本当に色気があったんですよ。猪木に言われて行ったけども、そこは自分の思うような世界ではない、ラッシャー木村や剛竜馬はほぼ前田とは接点のない人たち。そこでの前田の切なさ、むなしさ、それが全身に表れていて、俺はその色気にまんまと惚れたんですよぉぉ！

——なんとなくわかります。

**山本**　「これこそが前田の原点だな！」と俺は思ったんよ。前田はアントニオ猪木という父親に捨てられた捨て子みたいなもんだった。俺はその捨て子にめちゃくちゃ惚れ込んだんだよね。だけどそのときの前田って、状況がまったくわかっていないから「言葉」を持っていないんですよ。この新しい団体がどうなるのか、誰がやっているのか、今後どうなるのか、本当に猪木さんは来るのか。まったくのノープランで孤独に練習だけをやっているわけですよ。その不安に包まれながら練習している姿が美しいというか、なんというか、俺と前田との接点はそこからだね！

——「言葉を持たない前田日明」と出会った。

**山本**　言葉を発信することができない、誰にも噛みつくことができない、ただ受け入れるしかない。あれが前田の原点だったと思うんだよね。あんな状況、ほかのレスラーだったら「二度と帰ることができないんじゃないか」っていう心の動揺で自我が崩壊していますよ。だけど前田はそれを必死に自分なりに受け止めていたんですよ。その受け止めるという能力は、ほかの多くのレスラーにはない儒教的な精神なわけですよ。それがにじみ出ていたんですよ！

——儒教ですね。

**山本**　スター候補生として新日本を背負っていく役割を与えられていたのに出て行かなければいけないというさ、しかも自分の意志ではなく命令されて、捨て子みたいになった前田がそこにいたわけですよ。だから記事にならなかったんですよ！　本人は何もわかっていないんだから！　そんな状態のまま1984年4月11日、大宮スケートセンターでUWFは旗揚げするわけだけど、フロントにはもともと新日本にいた上井（文彦）さんや伊佐早（敏男）さんがいて、神（伸二）さんもいるんだけど、旗揚げといっても展望なんてゼロなんだよね。それで新日本もUWFを「第二新日本プロレス」にしたいから藤原組長と髙田を1週間貸したんだよね。

——当時はそこが複雑でよく理解できなかったんですよね（笑）。

**山本**　あれは猪木さんのなかでの罪悪感みたいなものがあって彼らを送り出してるわけですよ（笑）。

——「ちょっとやりすぎたかな……」っていう（笑）。

**山本**　パチパチパチ！（うれしそうに手を叩く）。で、蔵前（国技館）を押さえてるわけですよ。

——オープニングシリーズの最終戦ですね。

**山本**　外国人レスラーのダッチ・マンテルなんかは馬場さんが派遣してるわけですよ。

——新間さんが馬場さんに頼んで、テリー・ファンクのルートで来たんですよね。

**山本**　そんな寄せ集めの感じでやってるから、UWFのUの字もないわけですよ、当時は！（笑）。それでシリーズを1週間やっていくんだけど、難破船みたいなものだよね。それで最終戦の照明の暗い蔵前の光景を見て、俺のなかでスイッチが入ったんだよね！

——またスイッチが入った。

**山本**　あの湘南ジムでのトレーニングから大宮での旗揚げ、そして蔵前。この間の時間が俺と前田の決定的な関係性を生んだわけですよ！

## 「杉山さんの執念が前田を引き寄せて、UWFを存続させた、新日本には帰らせなかった」

——まさにオープニングシリーズ！（笑）。

**山本**　そう！（笑）。あの最初のシリーズが失敗に終わって、普通ならそのままポシャって団体としてもう続かないわけですよ。UWFは新宿三丁目に事務所があって、浦田（昇）さんが社長をやっていたんだけど、続くわけがないんですよ。でも俺は三丁目の事務所に通ってさ、「UWFを応援しますよ！」ってやっていたんだけど、すでにそのとき、新間さんも間に入っていて新日本に帰る予定だったんよ。

——そうですよね。早々に畳んで新日本に戻るという。

**山本**　それでちゃんちゃんってことで、UWFは一時のさ……。

——はしかみたいなもんですよね。「すいません、どうかしてました」と（笑）。

**山本**　そうそうそう。「ちょっと間違ってました、ミスっちゃいました」っていう形でね（笑）。それでチャラにするはずだったんだけど、杉山（頴男）さんがそこでがんばっちゃったんよ。
――あっ、追い込んじゃったんですか。

**山本**　杉山さんが「これからは格闘技の時代になる。プロレスも格闘技みたいにしなければいけない」という理想に燃えて『格闘技通信』を作っていたから、このままUWFを新日本に戻したら自分が考えている格闘技幻想を実現できないと。それで浦田社長や前田とガンガン接触して「絶対に新日本には帰っちゃダメだ！」とやったわけですよぉ。「帰らないかぎり全面的に応援するから」っていう、その説得がもの凄かったんよ。だけど新間さんとか『ゴング』は帰そうとしていて、UWFを新日本のなかの第二組合みたいにして抗争をやっていこうというさ。

――新しい色のついた軍団が新日本内でひとつできちゃいますもんね。

**山本**　そうでしょ。親に捨てられた軍団が反抗していくという形で抗争をやる予定だったんよ。その新間さんや新日本のプランをぶち壊したのが杉山さんですよ！　あのときの杉山さんの情熱と執念は凄まじかったよ。もう編集部を放ったらかしてずっともうUWF、UWFですよ。それで「ハワイに行って前田を説得する」っていうんで新間さんや『ゴング』と前田の奪い合いよ。そこでさ、杉山さんが勝ったんだよね。それで非常にリスクは高いんだけど、もともと新間さんが連れてきた浦田社長も「やる」っていうことで第1次UWFが続行するんですよ。

――恐ろしいですねえ。

**山本**　だからUWFを作ったのは杉山さんなんですよ！　杉山さんの執念が前田を引き寄せて、UWFを存続させた、新日本には帰らせなかった。

――杉山さんの思惑が歴史を変えてしまった。恐ろしいですね！

**山本**　俺はその杉山さんの行動をボーッと遠くから見ていてね、そのときの杉山さんの政治力というものに震えたね。なんとしてでもUWFを新日本から切り離し、格闘技路線に向かわせるということがあの人のライフワークになっていたから。

――さっきの道場論であったり、そうして杉山さんがUWFの活動を継続させたり、結局そのあとの第2次UWF、三派分裂からパンクラスまで、その流れを作ったのは全部週プロですよね？

**山本**　週プロですよ、全部！　だけど俺じゃないですよ？　杉山さんですよ！　俺はあとから意味づけしただけですから。

――初期は杉山さんなんでしょうけど、船木誠勝や鈴木みのるのような純粋な若者がパンクラスのような団体を旗揚げするようにペンで導いたのは山本さんじゃないですか？

**山本**　ああっ！　……うん。

――あの人たちは「これは自らの意志である」という意識のもとに藤原組と袂を分かってパンクラスを旗揚げしたわけですけど、その意志を持たせる流れや空気感を作ったのはおそらく週プロですよ。

**山本**　いや、その根底にあるのは、新日本プロレスに惚れた人間が、新日本プロレスに幻想を抱き、途中からなんらかの形で新日本プロレスに幻滅して、反・新日本となって対抗していくことによって新日本をより進化させたものにしたいという若者たちの情念ですよ。そこと俺たちはリンクしたわけですよ。

――それは「ニワトリと卵、どっちが先か?」という話だと思うんですけど、その彼らの純粋な気持ちというのはもともと存在していたものなんですか?

**山本**　新日本に対しては純粋な気持ちを抱いていたんですよ。だけど、その新日本が彼らの情熱や意志に応えられないくらい堕落していった、劣化していったわけですよ。それを若者は見てしまったわけですよ! そして嫌気が差し、そのときUWFという存在が出てきたことによって、そっち側にシフトして、自分たちでもっと純粋に革命を起こそうっていう。そういうことですよぉ。だからあれは異常な時代ですよ!

――となるとニワトリと卵が並走していたことになるんですかね。

**山本**　彼らの考え方と、杉山さんの「いまの新日本ではプロレスの将来を担えない」という結論、そのふたつがあったわけですよ。それで新日本の上位概念として、格闘技としてのUWFを作らなければいけないという杉山さんのプランが優先されてしまったわけ。

――そこだけ切り取って考えたら、身勝手な話ではありますけどね。

**山本**　杉山さんが余計なことをしたというか、勝手なことをしたというか(笑)。『ゴング』や東スポからすれば、そんなことをする必要がないわけですよ。新日本はメジャー団体として安定しているわけだから、そこにUWFというわけのわからない実態のないところが、しかも格闘技という形でやるというね。でも杉山さんはそれをプロレス内のカウンターカルチャーにしようとしてやったわけですよ! 俺はそれをただボーッと見てたんよ。自分には何の権限もないし、動くこともできないから、距離感を持って杉山さんとUWFのことを遠くから見ていたんですよ。

## 「選手を補強しなければいけないとなったとき、俺は『長州は絶対にダメだ、藤原だ』と口を酸っぱくして言ったの」

――「ああ、こういう展開になるんだな」と。

**山本**　「あの杉山さんが本気になってるな」ってね。それが俺にとってはいちばん不思議だったけどね。で、そこに今度はイラストレーターの更級(四郎)さんがブレーンとして入ってきて、第1次UWFを存続させるには何をしたらいいかっていうところで、「誰かを引き抜かなきゃいけない」っていう話になったんよ。それで浦田社長は長州を引き抜こうと考えたりもしたんだけど、そこで俺がこう提案したんですよ。「道場のチャンピオン、主は藤原喜明ですよ。藤原という新日本の道場のヘソを引き抜いたら、新日本はもぬけの殻、空っぽになりますよ」と。そう進言したら「えっ⁉ 藤原って前座レスラーじゃないか」と。

――当時だとそうなりますよね。

**山本**　「そんなの客を入れられるわけないだろう。藤原では商売にならんよ」っていうことで反対されたんだけど、それでも俺は「いやいや、新日本のヘソを抜くんですよ！」と言ったんよ。というのは俺はその頃、藤原を徹底的に取材してたんだよ。そこで藤原はイラストが上手いとか、関節技の鬼だとか、ちょっと吃音があるとか、非常に偏屈であるとか、東北育ちで粘り強いとかってことを知った。それで村松友視さんも「木村健悟よりも藤原のほうが強い」っていうことを展開していたので、藤原は表舞台には出れないけども裏でのピストルというかさ、「最高なんだよ！」ってことで俺は藤原を徹底的に取材して、家に通ったりもしていたわけですよ。だから俺は藤原の本当の能力を知っていたし、実際に道場も藤原が仕切っていたから、「藤原を引き抜いたほうがいい」ってことを進言したんですよ。それで最初は反対されたんだけど、最終的にみんな折れてね、それで藤原のところに行ったら藤原がオッケーしたんですよ。藤原は非常に守りの固い男だったんだけど、彼も新日本に嫌気が差してたんだよね。

――そうだったんですよね。

**山本**　そうして人生で博打を打たない藤原が新日本を飛び出して行ったんですよ。そして、その藤原を慕っていた髙田もついてきた。そのふたりが、九段下にあるあのホテルはなんていう名前だっけ？

――グランドパレスですね。

**山本**　グランドパレスの庭で背広を着てさ、「前田と合体！」っていうことで3人で会見をやった。あれこそがＵＷＦの原型ですよ！　藤原と髙田はＵＷＦの旗揚げに参加していたわけだから整合性もつく。その点で新日本はミスったわけですよ！　あのとき、いつ潰れるかもわからない、先の見通しもないＵＷＦに飛び込んだ藤原と髙田は偉いわけですよ！

――ちょっと待ってください。こうやってあらためて聞くと、やっぱりＵＷＦを作ったのは週プロですね（笑）。

**山本**　週プロだし、杉山さんですよ。

――いやいや、なんでそうやって傍観者みたいな態度を気取るんですか。藤原組長を引き抜いたんだから山本さんもですよ。そこで組長じゃなくて長州力を引き抜いていたとしたら、のちのＵＷＦはないわけじゃないですか。

**山本**　いや、俺は更級さんから「こういう状況だと選手を補強しなければいけない。誰がいいですか？」って聞かれたから「長州ではないですよ」と。とにかく長州は絶対にダメだ、絶対に藤原だということを俺は口を酸っぱくして言ったの。ただ、それだけなんよ。俺がそう言ったことを彼らは半信半疑のなかでリサーチしながら、長州力だったら移籍金とかでお金がかかるけど、藤原だったらお金もかからないという計算もあって「じゃあ、藤原に声をかけてみようか」っていうさ、たしかな手応えもなしにスタートしているんですよ。

――過程はどうあれ、決まれば全部あとづけしちゃえばいい話ですもんね。

**山本**　そうそう。

――しかし、そういう動きがあってから1年半、UWFの人たちは泥水をすすらなければいけないわけじゃないですか。選手、スタッフ含めて。

**山本**　それでさ、本来であれば前田をトップにしてやるべきなのに、やっぱり上井さんとかは興行が心配だからってことで、三軒茶屋にタイガージムを作ってシューティングをやっていた佐山を説得して入れたんだよね。それで純粋なUWFじゃなくて、佐山を入れないと興行ができないという興行論になっちゃったわけですよ！　要するに足し算をしたわけだけど、本当は前田一本でいけばよかったんよ。でも前田ではチケットが売れないということで佐山を入れた、その足し算をしたことが、のちのちの結果を生んでしまったんですよ。

――言ってしまえば、あの頃は佐山さんのほうが不純物ですよね。

**山本**　佐山は不純物だし、佐山本人も自分はタイガージムをやってるから行きたくないわけですよ。でも佐山はそういうとき、無責任というか自由というか、自分の意見は言わずに「どうでもいいや」ってなるんだよね。それで「ああ、いいですよ～」みたいな（笑）。

――天才ですから、どうとでもなると思ってますよね。

**山本**　でも、いざ入ってしまえばパソコンを持ち込んできてガチャガチャっとルールを決めたりするわけですよ。そうするとさ、「ルールなんかどうでもいいじゃねえか」っていうのがほかのレスラーの言い分なんですよ。

――本音としては。

**山本**　そこで数学的に物事を考える佐山と、「数学なんて関係ない、アドリブだろ」っていう反・数学的なほかのレスラーとの関係がガチャガチャっとなるわけですよ。だからUWFの本当の精神からすれば、やっぱり「UWFは佐山である」「UWFは佐山イズム」だと言うファンは多いし、「一方の前田グループはプロレスラーである」という評価がいまでもあるんだよね。たしかに「UWFとは佐山イズム」だというのは一理あるわけですよ。なぜかと言うと、興行を成功させるために佐山が必要だったのに、当の佐山は「2週間に5試合しかやってはいけない」というルールを作ったり、要するに正論を言うわけですよ。でもテレビもないのに2週間に5試合では会社がもたないじゃない。そうするとフロントから「そんなんじゃやっていけない」っていう声が挙がり、佐山の理想論と、前田たちの現実論がぶつかってしまったんですよ。だから最初から矛盾だらけの存在なんですよ、UWFは。だけどその矛盾したカオスがよかったわけですよ！　流動的で一本化していない、そうやってゴチャゴチャしてるからこそよかった。さらに8月に新日本がパキスタンに遠征して、そこで精神をグチャグチャにされておかしくなっていた木戸（修）さんをカール・ゴッチが引っ張ってくるわけですよ。

## 「言ってしまえば前田は第1次UWF時代は大スランプ男だったわけですよ！」

――えっ、なんで木戸さんは精神がおかしくなっていたんですか？

**山本**　いやいや、あそこで2週間パキスタンに行ったレスラーはみんな精神がおかしくなったんよ。俺はそれを全部見てたから。

——みんな病んじゃったんですか？

**山本**　だって水は飲めない、下痢はする、クソ暑い。それに夜は飲み屋がない、オンナもいない、食うものも食えないっていうので地獄だったんよ。だから長州は日本に帰ったあと、新日本を辞めてジャパンプロレスを作るわけですよ。

——「ゲーム・イズ・オーバー」でしたっけ？

**山本**　長州が成田空港で言ったその名言を村松さんが聞いていて書いたわけよね。それで木戸さんなんだけど、もともと木戸さんって無思想で、透明なんですよ。本当に空気みたいな人なのでUWFの精神なんてのはまったく関係ないわけですよ。その木戸さんを「ゴッチの弟子だ」っていうことで入れて、また足し算をしたわけですよ。

——透明に色をつけたんですね。

**山本**　それで木戸さんをリーグ戦で優勝させたりしてさ、そのめちゃくちゃで矛盾しまくったカオスがおもしろかったわけですよ！（笑）。そういうまったく一本化していない現実がありながらも、俺は「UWFイズムとは何か？」っていうことを徹底的に、思想を体系化、理論化、競技化して書いてやろうとしたわけですよ。だけど第1次UWFの前田日明はすべて杉山さんの独占物であり、杉山さんは前田日明という存在をうまく活用し、UWFを存続させるためにやっていたので、杉山さんの部下だった俺は前田と直接接触することはできなかった。やっぱり上司のものには触れないじゃない。

——前田日明は杉山さんの作品なんだと。

**山本**　そうやって俺は一歩引いていたので、前田日明と直接接触することはできなかったわけ。ただ、前田たちが練習している（世田谷区）大蔵の道場には何回も行って、その雰囲気をつぶさに見てはいたんよ。それでも俺は前田とは接触する機会がなかった。なぜかと言うと、第1次UWFはキックの佐山と関節の藤原、この両横綱による二頭政治だったわけですよ。その下に前田とか髙田がいるわけでしょ。だから前田はまだ浮上していないし、その佐山と藤原というスペシャリストの間に入って、言ってしまえば前田は第1次UWF時代はスランプ状態だったわけですよ。

——絶対に浮上できない構造ですね。

**山本**　それとキックと関節技という2つの技術に関してまだ磨きがかかっていないし、成熟してないから。実際にキックの佐山と関節技の藤原で試合をすると、最高にUWF的、プロレス的にスイングして、あのふたりの絡みは名勝負になるわけですよ。前田はそこまでまだ成熟していなかったというか技術を持っていなかった。それでも「将来のスターは前田である」という前提があるので、余計に彼はスランプのトンネルに入って行った、大スランプ男だったわけですよ！　それでも俺が前田と接触したことが2回あって。

——たったの2回だけ。

**山本**　1回目は前田と髙田がキックを習うために（文京区）白山のシーザー（武志）さんのジムに行ってたんよ。そこで顔を合わせたんだけど、それでもまだ話はしていないわけですよ。

——そういうもんですか。

**山本**　それともう1回の接触は、巡業中に控室に行ったら前田のバッグからサンボの本が出てたんですよ。ビクトル古賀先生のやつ。「あぁ、前田はサンボを勉強してるんだな」と思って。それで松浪健四郎さんがビクトル古賀先生と親しかったので、松浪さんからその本を宣伝してやってくれって頼まれたときに俺は「前田のバッグの中にサンボの本があった！」っていう形で紹介したら、その本の在庫が全部売れたんよ！

——それ、憶えてますよ。「前田のバッグの中にこの本があった」というプロモーションですね。

**山本**　そう！　その2回が前田と俺の関わりですよ。だからサンボを世に出したのは前田なんですよ。そのあと後楽園ホールで佐山にサンボの道着を着させて模範試合をやらせたりもしたけど、最初にサンボを世の中に出したのは前田ですよ！　そのプロモーションがもの凄く効いて、サンボ幻想が出てきたと同時にビクトル古賀幻想も爆発してね、ビクトル古賀先生と親しかった松浪さんもバーッと世に出てきたわけですよ。

——そうだったんだ。

**山本**　前田は第1次UWF時代、何か技術を身につけなきゃいけないっていうことで、ひとり模索していたという事実がそこでわかったんですよ。

——まだ誰も持っていない新しい技術を取り入れようと。

**山本**　新日本とは違う、あるいはUWFのなかでもまったく新しいものをやらなきゃいけないということで、彼はひそかにサンボを研究していたんよ。

——のちのヴォルク・ハンらのリングス登場を考えると、感慨深いものがありますね。

**山本**　そこですよ！　そこで本物のサンボに繋がっていくんですよ！　もとを作ったのはすべて前田日明ですよぉ！　それだけ彼は純粋だったんだよね。本当にUWFにのめり込んでいた、UWFに命をかけていたということが前田からわかったわけですよ。でも佐山はUWFにとってはお客さんなんですよ。

——あくまでもゲストですね。

**山本**　腰掛けでやってるわけですよ、UWFを。その前田と佐山のスタンスの違いっていうのがのちにふたりの生き方の違いにも出てくるじゃん。だから前田はあくまでもプロレスなんだけど、佐山はプロレス以外のキックとかシューティングといった別個の路線に舵を切っていったわけですよ。もちろん、ふたりの根っこにはプロレスがあったんだけど、より濃密なのは前田で、ちょっと別の形のものをやろうとしたのが佐山っていう、この違いですよ。だから第1次UWFの内部ではすべての人たちが前田派であり、アンチ佐山だったんだよね。佐山さんにはどうせタイガージムで食っていけるからっていう安心感があるけど、前田はUWFだけで食っているわけだから切羽詰まっていたんですよ。

## 「プロレスファンやマスコミはガチンコめいた試合を信じたがるから、すっかりハメられたわけですよ！」

――佐山さん以外の全員が切羽詰まっていた。

**山本**　だから全員が佐山さんのことを引いた目で見ているわけですよ。その構図が最後になって爆発したわけ。「佐山はどうせ自分で食っていけるでしょ。だけど俺たちはここで食ってるんだよ」と。その「ここで食っていくこと」ということに執念を燃やしていたのが前田や上井さんたちで、「これで食えなくてもいい」のが佐山なんですよ。で、俺はどっちかと言えば佐山一派だったんよ。

――どういうことですか？

**山本**　初代タイガーマスクのときにいちばん深く関わってるから。俺は「タイガーマスク」という文字を日本でいちばん書いた男ですよ。だから佐山が講談社から『佐山聡のシューティング入門 打投極』っていう本を出したときも手伝ったし、あの初代タイガーマスクがシューティングに行く流れをずっと応援してきたから、じつは根幹は佐山派なんですよ。だから前田とは縁が薄かったとも言えるんよ。いくら第1次UWFから応援していても、彼らからすれば俺は反対側の人間なわけですよ。

――あとはショウジ・コンチャと、タイガーマスクの素顔を掲載する交渉というのもありましたもんね。

**山本**　あれはショウジ・コンチャが電話をしてきて、「ちょっと話がある」と。それで俺の家の近くまでクルマで佐山とふたりで来たんだよね。そこで「新日本を辞めて、マスコミで誰も応援してくれる人がいない。週プロで応援してくれませんか？」って言うから、交換条件として「佐山の素顔を公開しよう」って言ったら「わかった、やろう！」と。それはその場で俺の一存で決めたんですよ。それを杉山さんに報告して、山下公園で佐山の素顔を特写したんよね。

――それぐらい深い関係性だったってことですよね。

**山本**　俺と佐山の繋がりがそういう動きを生んだんですよ。

――UWF時代、心情的にはどうだったんですか？　やっぱり佐山には乗れないなっていう感じはあったんですか？

**山本**　UWFの頃はやっぱり佐山は理論派で、宗教で言えばバイブルを持っているわけですよ。UWFのバイブルを。

――教義、経典を作った男ということですね。

**山本**　だから「これに乗るしかないな」とは思っていたんだけど、現実的に乗ってるのは佐山本人だけなんですよ。あとはすべて前田派なので、俺は白い眼で見られてた。それで佐山はザ・タイガーとして、あるいはスーパー・タイガーとしてUWFで試合をやったわけだけど、やっぱり佐山が興行の中心になるでしょ。そうしたら前田派の連中は余計に嫌がるわけ。「佐山さんはどうせ腰掛けでやってるだけでしょ」と。あくまで前田たちは食うために運命を共にしているわけですから。

――文字通り、同じ釜の飯を食っている。

**山本**　それに佐山は自分のタイガージムがあるから、大蔵のＵＷＦ道場には1回も来たことがない。そうすると共通認識なんてできるわけがないでしょ。だから自然とイレギュラーというか、断層ができるわけですよ！　それが第1次ＵＷＦの真実ですよ！

――その断層は現場で目に見えてわかるわけですね。

**山本**　完璧にわかる！

――実際に佐山さんに対する不満を耳にしたことはあるんですか？

**山本**　ない！

――それは言わないんですね。じゃあ、その不満が爆発したのが大阪臨海スポーツセンターだったと。

**山本**　あれは最終段階で、要するに第1次ＵＷＦは１９８５年9月11日の後楽園ホールでもう終わりだと。あの大阪の佐山と前田の試合は9月2日にやっているわけですよ。つまり、もうＵＷＦは終わるという理屈をつけるために相談してやった試合なんよ。

――えっ、相談？　どういうことですか？

**山本**　えっ？　なんで驚いたの？　どうせ団体が終わるんだったらと、その終わる理屈をつけるために佐山と前田はああいう変な試合をやったわけですよ。

――それはふたりで示し合わせて？

**山本**　いや、暗黙の示し合わせですよ。

――ああ、暗黙だ。

**山本**　あれは暗黙ですよ！　お互いに「これでもう別れましょう、分裂しましょう」っていうさ。

――それで、それぞれのネクストステージへと進みましょうと。

**山本**　それで、ああいう試合をやれば理屈が合うし、プロレスファンやマスコミも興奮するし。だからあれはアングルですよ！

――お互いの物語を続けていくための。

**山本**　要するに離婚成立みたいなね。えっ、そういう暗黙の示し合わせだったことを知らなかったん？（笑）。

――知らないですよ（笑）。

**山本**　井上くんさぁ、何年プロレスを観てんだよ！（笑）。そんなもん、観てたらわかるじゃないの！

――プロレスって凄いなあ……。

**山本**　だからふたりはわかってやっているんですよ！　事前に話し合っていたわけじゃないけども、暗黙の了解のなかで「これでもうお別れしましょうね」っていう綺麗な形での離婚成立ですよ。それで佐山さんはスッパリと身を引いたんですよ。

――では、空中レフェリーは静かに離婚届を受け取る役所のおじさんですか（笑）。

**山本**　あんな試合は空中さんがレフェリーだからできたんですよ。あの人はマインドがアメリカ人だから、もう全部わかっちゃっているわけですよ（笑）。それでプロレスファンやマスコミはああいうガチンコめいた試合を信じたがるからさ、それまでは半信半疑で観ていたくせに「あれはシュートだ！　ガチンコだ！」ってことでまたのめり込むわけですよ。すっかりハメられたわけですよ！

——ハメられた（笑）。

**山本**　まんまと！　やっぱりファンはガチンコがいちばんのめり込むんですよ。のちの小川直也と橋本真也もそうですよ。あるいは前田とアンドレとかもそうでしょ。それで9月11日の後楽園で藤原と佐山が綺麗な名勝負をやって第1次UWFを畳むんだよね。そして次に進むときに佐山が邪魔だから大阪臨海スポーツセンターで別れの儀式をやったんよ。だから、みんなハメられてるわけですよぉ！　何年プロレスを観てるんだよぉ！（笑）。

## 「UWFに関してはあたかも結論が出てしまっているかのような空気になっているけど違うんですよ！」

——いやあ（笑）。

**山本**　それで第1次UWFが崩壊するときに俺と佐山、更級さんが組んで『ケーフェイ』を出したんよ。『ケーフェイ』を出したことで「やっぱり佐山は向こう側の人間だったな、プロレス界には必要がない」っていうことで、さらなる離婚の原因、二重現象が起きたわけですよ。あの『ケーフェイ』で佐山外しがさらに強くなったので、あれもいいタイミングだったんですよ。「やっぱりそうでしょ！」ってことで反・佐山派がガッチリと固まったわけだから。

——山本さん、「何年プロレスを観てるんだよ！」ってこんなに言われて気持ちのいいセリフはないですね（笑）。

**山本**　ノンフィクションだとかどうとか言うけど、みんなわかっていないんだよ。「プロレスは底が丸見えの底なし沼」だという本当の意味をわかっていない！　それは騙されちゃうんじゃなくて、信じちゃうというか。疑って見ているくせに最後は信じちゃうっていうね。

——プロレスを語るレスラー自身の言葉も底なし沼ですからね。

**山本**　大阪臨海で最後の幕が綺麗に降りたわけですよ。これ、辻褄が合うでしょ？

——合いますね。こういう、知っていい真実ってありますね（笑）。

**山本**　井上くんみたいにこの世界にどっぷり入り浸っている人間がさ、まだそこに幻想を持ってるっていうのは俺からすればおかしいよ！

——超怒られてますね。

**山本**　興行が大事、食っていくことが大事だからと佐山を入れたけど、UWFイズムというか思想というものがスタートからずっと続いていった。その象徴が佐山vs前田だった。腰掛けの人間と、本気で生きていくための人間の違い。それで本気で生きていくためにはお金が必要になるので、豊田商事が出てきて会社を「海外UWF」にするっていう話が出てきて。

——出ました、豊田商事。

**山本**　それが永野（一男）会長が刺殺されるという事件が起きてダメになり、浦田社長がショウジ・コンチャを脅迫して逮捕されるっていうさ。こんなドラマはないよ。これこそまさに前田日明が言った名言である、「選ばれし者の恍惚と不安、ふたつ我にあり」ですよ。不安だらけであるけども恍惚である、恍惚であるけども不安であるっていうさ。第1次UWFで前田はそれを実体験したわけですよ！

――じゃあ、あの集団のなかでいちばんピュアだったのは前田日明ですか？

**山本** 前田はずーっと、いまでも純度が高いですよ。そして佐山は絶対に本音を言わない人。この沈黙の佐山と、純度の高いピュアな前田っていうふたつがUWFの根幹ですよ。そのUWF幻想に若い人たちが巻き込まれ、狂ったようにのめり込んで行ったわけですよ。それでね、杉山さんは第1次UWFが終わった時点で「俺の役目は終わった」とさっさと手を引いて逃げようとしているわけですよ。革命幻想に酔いながら、脱線したと思ったらサーッとさ（笑）。

――だけど、その1年半がなければその後の総合格闘技もなかったわけですよね。

**山本** そうですよぉぉ！　生まれていないわけですよ！　K-1もPRIDEもなかったんよ！　UWF幻想がすべての歴史を狂わせたんだよね。

――話が飛ぶんですけど、大阪臨海の佐山と前田によるシュートマッチは、暗黙の合意による離婚届提出だったというのは逆に凄い話だなと思うんですけど、のちに前田さんが長州さんの顔面を蹴りましたよね。あれに関して前田さんは「俺は長州さんの肩をポンと叩いて合図をしたよ」と言うんですが、あの言葉はいまだに不要だったなと思うんですよね。

**山本** そんなものはありませんよ。あれは本能でやったんだから！その瞬間の本能でやったからこそリアリティがあるわけですよ。だから合図なんてそんなものはしていませんよ！

――あれは本能ですよね。

**山本** あの後楽園はもともとジャパンプロレスの興行でさ、ジャパンとUWFは両方ともあっちこっちを向いていたから、ああいうことになる下地ができているわけですよ。だからあれは必然ですよ！　偶然じゃないから。

――マッチメイクされた時点で必然だったと。

**山本** マッチメイクの時点でああなることは間違いなかった。でも新日本からすればジャパンやUWFのことは知ったこっちゃないわけですよぉ。しかしまあ、UWFというあんな美しい団体はほかにないよね！

――「おまえ、何年プロレス観てるんだよ！」って凄く気持ちのいい言葉ですね。ずっとそう言われていたいですよ（笑）。

**山本** もうさあ、わかるでしょ、そんなもん（笑）。UWFに関してはいろんな証言とか出ていて、あたかも結論が出てしまっているかのような空気になっているけど違うんですよ！　みんな手のひらに乗せられてる！　ファンもすべてをわかったような気になっている。それは俺からすれば大きな落とし穴なんですよぉぉ！

――落とし穴！（笑）。

**山本** 「どこを見てるの？」と。やっぱりひっかかってるんだよ。裏の裏の裏を見なきゃ！

——いまは社会もそうだし、人間関係もそうだし、そういう〝プロレス〟がどんどん失われているじゃないですか。

**山本**　昭和のプロレスの泥臭さ、ややこしさ、めんど臭さ、胡散臭さが失われてるんですよ。そういう昭和が持っていた不条理さをすべてフラットにしてしまっているわけですよ。でも、それは道場のなかで、付き人制度のなかで学ぶものなんよ。付き人をやっていて、理由もなくぶん殴られるとかさ。あの道場の雰囲気こそがプロレスの真髄であって、あそこで不条理さを教える、刷り込ませるっていうね。

——道場論というのはブラック企業であると。

**山本**　超ブラック企業ですよ！　いまプロレスの道場でそんなことをやったら、お母さんが怒ってきてすぐに訴えられますよ！「なんでウチの子にここまでやるんですか！」と（笑）。

——この世の中で母親という存在がいちばんのシューターですからね（笑）。

**山本**　それでアントニオ猪木のストロングスタイルの純度を高めたのがＵＷＦだったでしょ。一方のジャイアント馬場のショースタイルの極限が電流爆破ですよ！　つまり大仁田厚ですよぉ!!

（つづく）

ターザン山本！（たーざん・やまもと）
1946年4月26日生まれ、山口県岩国市出身。
ライター。元『週刊プロレス』編集長。
立命館大学を中退後、映写技師を経て新大阪新聞社に入社して『週刊ファイト』で記者を務める。その後、ベースボール・マガジン社に移籍。1987年に『週刊プロレス』の編集長に就任し、"活字プロレス""密航"などの流行語を生み、週プロを公称40万部という怪物メディアへと成長させた。

昔、某出版社社長令嬢の愛車のボンネットに「ブス」と落書きされていたことがあった（実話）。

すっすっ
はっはっ
ぐわあああ
ワー
ええっ
わーーっ
ぴょん
バー

キキーッ
なんだあの車
オレを狙ってんのか
ブウウウウウ
ぎょわあああぁあ
ブー
わー
来るなー

店長
マスクがあと一枚しか残って
ないんですけど
あーたしか
ロッカーにあったよ
ピロリンピロリン
ピロリンピロリン
スノーマン
どうした？
久しぶりだな
パンサー気をつけろ
ミラクルマスターは車をめちゃくちゃにされた
オレは車で追い回された
ザッ
あいた
つづく

# マッスル坂井と真夜中のテレフォンで。

# 04/16

MUSCLE SAKAI DEEPNIGHT TELEPHONE

**だいぶ危機的な状況なんですけど、妙にカッカしていなくてむしろどんどん冷静になっていますよ。ここまで日常が非日常化しちゃうと、振り切ったエンタメが作れるようになるまで時間はかかると思います**

**俺も詳しくは言えないんですけど、以前棚橋さんとちょっと会う機会がありまして……**

——今月も元祖リモート取材ということで、よろしくお願いいたします。

**坂井**　元祖って言われても、これがインタビューだっていう自覚はいまだにないですけどね（笑）。

——いま大昔に謎に買った24キロのケトルベルを事務所の隅に置いていて、そこを通り過ぎるたびに持ち上げてるんですよ。

**坂井**　まとまった時間を作って運動しているわけじゃなくて？

——通り過ぎるたびに「さあ、10回」みたいな（笑）。

**坂井**　手軽にね。でも24キロってけっこう重くないですか？

——それを両手で持ち上げてスクワットをやったりとかして。でもこれ、素人がやると目に見えて体力つきますね。

**坂井**　やっぱり下半身だから。

——事務所と自宅の行き来はいつも徒歩なんですけど、そこでつい小走りをしちゃうんですよ。

**坂井**　いや、そういうことなんですよ。そうやってみんなトレーニングをすることで達成感を感じていくんですよ。

——だからこれは継続してやっていこうと思いました。やって損はないぞと。

**坂井**　たしかに。通販のサイトとかを見ていても、いまはケトルベルとかダンベルがどれも入荷未定ですからね。関東ではエニタイムフィットネスすら休業してるで

構成：井上崇宏

しょ？　だから世の中から重いものが消えてるんですよ。今回の表紙は誰ですか？

――今月は棚橋弘至さんです。

**坂井**　おー！　棚橋さんもいつも重いものを持ち上げていますからね。俺は毎月『メルマ旬報』で棚橋さんのコラムを愛読させていただいてますよ。

――それで、このご時世ですからFaceTimeでインタビューをやらせていただいたんですけど、いやあ、棚橋弘至ってまぶしいですね（笑）。

**坂井**　えっ、FaceTime越しでもまぶしかった？

――だからFaceTimeでちょうどよかったなと思って（笑）。

**坂井**　フェイスフラッシュの光が強すぎるんだ（笑）。棚橋さんが放つ明かりのせいでスマホの充電の減りも早かったんじゃないですか？　でもわかる。俺もあるとき、詳しくは言えないんですけど棚橋さんとちょっと会う機会がありまして……。

――えっ？　ああ、棚橋さんがパワポをやったときですね（笑）。

**坂井**　いやいや、まあまあ。そのときに「今回はひとつ、マッスルさんの頭脳をお借りしたい」って言われたりしたことがありまして……。

――ああ、凄い。

**坂井**　いやもうね、そのセリフで俺の脳みそは3倍増しで回転しましたよ！

――「この人のためにやらねば！」と。そうなんだよなあ、あの人、言葉で人をたらしてくるんだよな（笑）。

**坂井**　そう！　それでまあ、棚橋さんと直接会ってお話しましょうということになって、誰にも見られない場所はどこだってなったとき、私と棚橋さんが都内で会える唯一の場所がペールワンズの事務所だけだったっていう（笑）。

――うわっ、そうでした……！　そのとき私はすぐに席を外しましたから、棚橋さんがウチに来たことがあることすら忘れていましたよ。あー、そういえばそうだった……。

**坂井**　井上さんの事務所であるにもかかわらず退出していただき、そこでふたりでいろいろとお話をさせていただいたんですよね。ああ、このタイミングで棚橋さんの登場はいいですね。パッと気分が明るくなる。

――で、自分でも驚いたのがじつは私、棚橋さんにちゃんとインタビューをさせていただくのが今回が初めてだったという。

**坂井**　あっ、そうなんだ。

――存在があまりにもセンター過ぎると、そういうこともあるんだなと思いまして。

**坂井**　わかる。いまって世の中に過剰に正義感を振りかざす人とかがあまりにも多すぎて、けっこうツラいじゃないですか。でも棚橋さんってずっと正義ですからね。正義の突き抜け方が違うというか。

――最近、長州さんが「みんなでがんばりましょう！」って毎日ツイートしていますけど、今回の『KAMINOGE』のインタビューでは、若い人がテレビで「かかるときはかかるっしょ」みたいなことを街頭インタビューで答えてるのを観たと。それで「てめえで勝手にやるんだったら、てめえで勝手に死ね！」って言ってるんですけど、そっちのほうが本当の長州さんらしいというか、長州さんにとって正しい発信の仕方だと思うんですよ。

**坂井**　わかる。

――長州さんは長州さんらしく、ギスギスしながらやっていればいいのになって思うんですけど。でも棚橋弘至はそういうレベルを超えたところでのベビーフェイスというか。

**坂井**　やっぱりただ者ではないんでしょうね。

**俺ってこういうときにアドレナリンが出てカッカするタイプじゃなかったですね**

――いきなり話は変わりますけど、坂井さん。『まっする2』がめちゃくちゃおもしろかったですよ！

**坂井**　あっ、マジっスか？

――2・9次元ミュージカル！「凄い！そうだ、『マッスル』ってこんなんだったな！」と思いました。

**坂井**　うれしいこと言ってくれますねえ。

――坂井さんって天才ですよね（笑）。

**坂井**　あっ、マジっスか？（笑）。

――あれは棚橋弘至にインタビューするのと同じくらいの多幸感がありましたよ。「これはモノが違うな」と。

**坂井**　でも、それって見方を変えると、棚橋さんはインタビュー1回で『まっする』1回分の多幸感を与えられるってことですよね。やっぱり全然モノが違う（笑）。これはちょっと考え直さなきゃっていうか、私も修行が足りなすぎますよね。

――えっ、どういうこと？

**坂井**　だってこっちは1カ月以上もあーでもないこうでもないって考えて作ったものが、棚橋さんのインタビュー1回分ってことでしょ？

――いやいや、ちょっと待ってください。いいですか？　1カ月やそこらの準備であんなにおもしろいものが作れますか？って話ですよ。

**坂井**　ひえー！（笑）。

――本当に。私が言うのもなんですけど、マッスル坂井さんはあまりにも過小評価されすぎだなと思いました。

**坂井**　マジっスか？　でも俺はもうね、この評価っていうのはあきらめていますから。一生売れないと思っていますよ。

――なんでしょうね、おいそれと評価させない雰囲気を出しているんじゃないですか？

**坂井**　あっ、自分で？

――そうです。「いやいや、そこ？　そういう褒め方は嬉しくねえんだよな」みたいな。そういうことを言いだしそうな雰囲気を出しているのがダメなんじゃないですか？（笑）。

**坂井**　言いそう……。じゃあ、いったいどうしたらいいんだ……。

――それでみんなは称賛しづらいというか。

**坂井**　じゃあ、評価が低いのは自分のせいなのか。ちなみに私、お仕事を選んでいるような感じが出ちゃっていたりもしますか？

――いや、それは出てないですね。

**坂井**　出ていないですよね？　ああ、よかった。

――選んでるんですか？

**坂井**　いえ、お仕事は選んでいないつもりです（笑）。でも、自分の仕事がそこまで不特定多数の人に届かなくてもいいのかなっていう気がするんですよね。マジでバズりたいとかないですから。

――今回、棚橋さんはこう言ってました。「本当の自分を見てくれている、知ってくれる人がいるってことが大事なんです」と。

**坂井**　なるほどね。その棚橋さんはスターですけど、俺の場合はなんていうのかな、そりゃ「売れたい」っていう気持ちも少しはありますけど、どこかでもうそれをあきらめてるっていうのはあるし、あとはぶっちゃけ、忙しすぎても困るじゃないですか。

——常に地に足をつけていたいというか。関係ないですけど、ターザン山本！さんが昔、「人は言葉によってしか救われない」と言っていたんですけど。

**坂井**　言葉によってしか？　いや、俺は先立つものもあると思いますけどね。言葉だけっていうのはないでしょう。やっぱりお金とかおいしい食べ物で救われることも多々ありますよ（笑）。

——そりゃそうですけど（笑）。

**坂井**　俺は意外とターザンさんには騙されないタイプですからね（笑）。

——まあ、それは自分の生業を肯定するための言葉でもありますからね。

**坂井**　そうそう。ターザンさんは言葉しか持っていない人じゃないですか。そんなこともないか（笑）。

——いや、言葉しか持っていない人ですよ（笑）。

**坂井**　そうですよね。言葉しかっていうと語弊がありますけど、言葉をたっぷりと持っている人ですから。言葉の専業農家だからね。

——でも前に私の知人が言っていたんですけど、ターザン山本！を評して「言葉をケチらないから好き」だと。

**坂井**　くぅ〜！　でも、それっていい言葉のような気もするけど、「言葉をケチらないから好き」の逆のパターンもありますよね。「うるさいから嫌い」っていう人もいると思うし、「うるせー、ジジイ！」とも翻訳できると思うんですけど（笑）。

——ターザンのこと、嫌い？（笑）。

**坂井**　全然嫌いではないです（笑）。しかし、次の『まっする3』もできるといいですねえ。

——いつの予定でしたっけ？

**坂井**　7月上旬なんですけど、まあこのままだと難しそうですよね。無観客とかでもできないのかなあ。あっ、青木真也さんは明日試合なんですよね？

——です。『Road to ONE』。

**坂井**　無観客で場所も公表せずに、ABEMAで生中継するだけっていうね。

——スタッフが全員防護服を着てやるらしいですよ。まあ、そこまで徹底してやれば問題はなさそうですよね。

**坂井**　たしかにそうですよね。でも今回のコロナの件でわかったことがあって、俺ってこういうときにアドレナリンが出てカッカするタイプじゃないんだなって。本当にだいぶ危機的な状況なんですけど、妙にカッカしていなくて、むしろどんどん冷静になっているというか。ここまで日常が非日常化しちゃうと、これまでのリング内での非日常なんて絶対に勝てないですよ。いまの非日常感にも勝てるような、振り切ったエンターテインメントが作れるようになるまで、まだまだ時間はかかると思うし、準備も必要だと思いますね。

# SPECIAL REMOTE WORK

リモートワーク
応援セクシーグラビア後編

いたわね。
いまどき雑誌を作っているなんて、
なんて不器用な生き方なの！

ねえ、おじさん。本当に仕事しているの？

知ってるのよ、
エックスビデオの
全タイトルを
観終わっちゃって
困ってるってこと！

みんなもしばらく外出しないで、
おとなしくしてなさい。
また会いにきてあげるから――。

KAMINOGE No 101

次号KAMINOGE102は
2020年6月5日（金）発売予定！

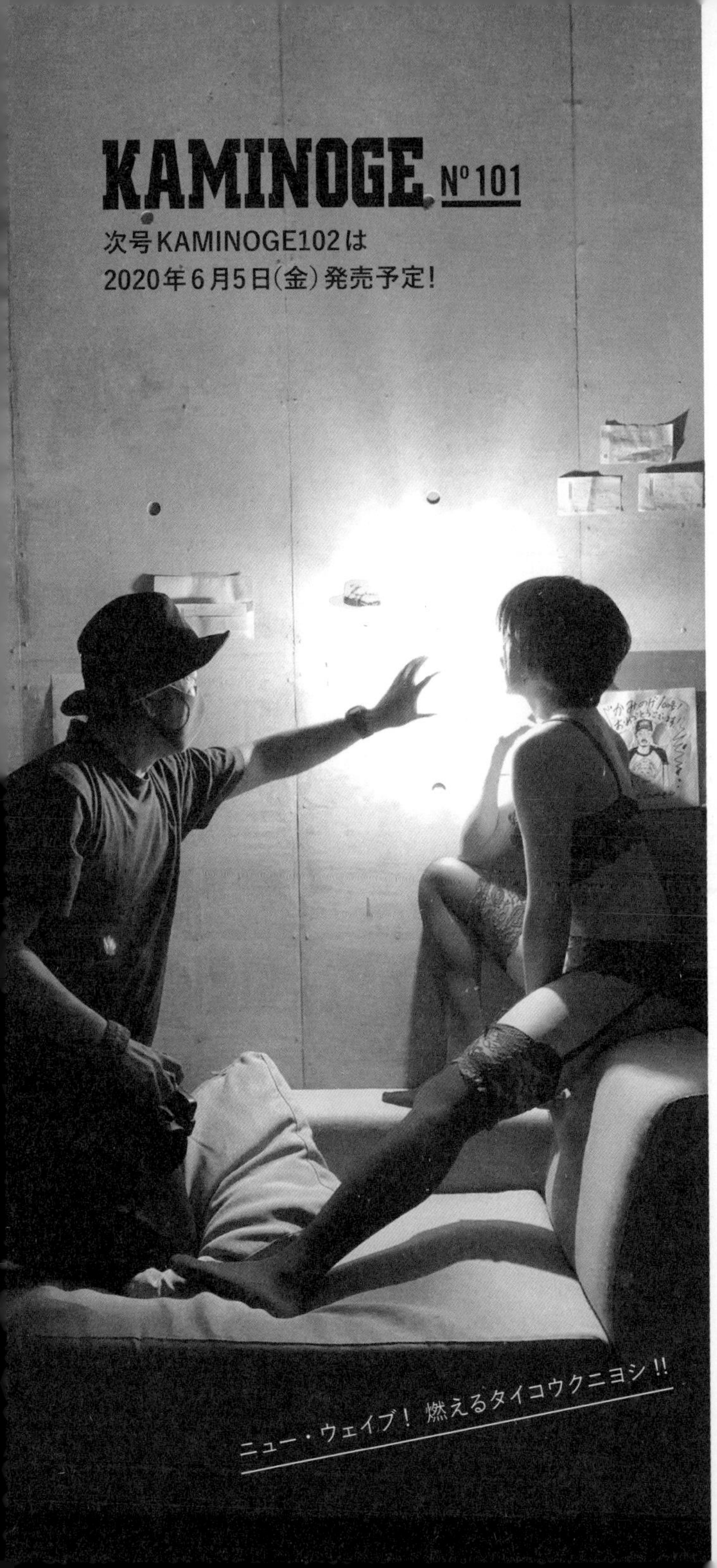

ニュー・ウェイブ！ 燃えるタイコウクニヨシ!!

2020年5月12日
初版第1刷発行

**発行人**
後尾和男

**制作**
玄文社

**編集**
有限会社ペールワンズ
（『KAMINOGE』編集部）
〒154-0003
東京都世田谷区上馬 1-33-3
KAMIUMA PLACE 106

**WRITE AND WRITE**
井上崇宏
堀江ガンツ

**編集協力**
佐藤篤
村上陽子

**デザイン**
高梨仁史

**表紙デザイン**
井口弘史

**カメラマン**
タイコウクニヨシ
池野慎太郎

**編者**
KAMINOGE 編集部

**発行所**
玄文社
［本社］
〒107-0052
東京都港区高輪 4-8-11-306
［事業所］
東京都新宿区水道町 2-15
新灯ビル
TEL:03-6867-0202
FAX:048-525-6747

**印刷・製本**
新灯印刷株式会社

本文用紙：
OK アドニスラフ W A/T 46.5kg